姜鹏 著

《资治通鉴》
里的人生修炼课

文汇出版社

图书在版编目（CIP）数据

《资治通鉴》里的人生修炼课 / 姜鹏著. -- 上海：文汇出版社, 2024. 8. -- ISBN 978-7-5496-4294-6

Ⅰ. K204.3-49

中国国家版本馆 CIP 数据核字第 20241UV606 号

《资治通鉴》里的人生修炼课
姜鹏　著

策　　划　　夏德元
责任编辑　　陈　屹
装帧设计　　张张玉

出 品 人　　周伯军

出版发行　　文汇出版社
　　　　　　上海市威海路 755 号（邮政编码 200041）
经　　销　　全国新华书店
印刷装订　　启东市人民印刷有限公司
版　　次　　2024 年 8 月第 1 版
印　　次　　2024 年 8 月第 1 次印刷
开　　本　　890 X 1240　1/32
印　　张　　5.75
字　　数　　85 千
ISBN 978-7-5496-4294-6
定　　价　　49.00 元

图书版权所有，侵权必究。
如发现图书印装质量问题，影响阅读，请寄回本社市场部调换。

序

《资治通鉴》号称"帝王教科书",如何让它为普通人的生活提供助力,着实需要费些脑筋。好在生活就摆在那里,只要我们愿意思考,总能从别人的故事中找到适用于自己的道理。有两句颇具哲理的古诗,第一句是"千江有水千江月",月亮只有一个,但一千条江水能投映出一千个月亮。这句诗讨论的是现象和本质之间的关系。真正的月亮只有一个,就好比道理就是那个道理,但它可以变化出无数个具体的应用场景,就像每一条江水里都有月亮的投影那样。还有一句诗出自诗仙李白:"今人不见古时月,今月曾经照古人。"这句诗更高明。时间变迁,沧海桑田,万事万物都要经历生、住、异、灭的过程，今天的月亮当然已经不是古时候的月亮。但古时和今日，并没有两个月亮啊！所以，今天的月亮不就是古时候的月亮吗？对，今天的月亮既是古时候的月亮，又不是古时候的月亮。因为时间流逝导致物质、现象层面的变化，所以今人看到的月亮一定与古时不同。但千变万化背后有不变的本质，从本质上说，月亮还是那个围绕着地球运转的月亮，它也曾经照见过古人。

这两句诗都非常具有"禅机"，它所表明的道理，其实也开示着《资治通鉴》如何为普通人所用的法门。作为活在当下的普通人，我们不像《资治通鉴》中的人物那样有治国理政的需求、压力，但我们也需要在关键问题上做出选择，需要思考如何获得更有意义和价值的人生，需要应对生活、工作中出现的人际关系与周遭环境，需要回答爱与被爱的问题。

吕雉很爱自己的儿子，为了保住儿子的皇位，她做了很多该做的、不该做的，但最终她还是失去了儿子。这不仅仅是汉代初年政坛上的一段波谲云诡，它还向我们提出了一个问题：母爱的尺度到底在哪里？

人们总想得到很多，但每个你想得到的东西都会消耗你，在承受力有限的情况下，如果不懂得规划、选择和舍弃，那就看看隋炀帝的故事。隋炀帝所做的事，拆解开来看，无论是挖运河、修长城、经营西域，还是压制突厥、震慑高句丽、击破吐谷浑，每一件都有重大战略意义，但合在一起就是巨大的荒谬。虽然隋炀帝做的是国家大事，我们面对的是生活琐事，但凡事需要规划、选择的道理是一样的。

晋武帝去世后，杨骏如愿以偿地成为首席大臣，但由于德行与能力双缺位，这次职位晋升给他带来的并不是宏图大展的机会，而是沉入深渊的悲剧。职位晋升、获得更多的资源和机会，是每位职场人梦寐以求的事，但更多的资源和机会往往也意味着更难驾驭的局面、更复杂的利益冲突。每次出发前，我们是否应该问一下自己，有没有作好充分的准备？如果还没有准备好，是不是先缓一缓？

越是内心和能力不够强大的人，越是试图通过各种关系网络来拓展局面，而忘了利弊双生这个道理。你的利益来自哪里，往往你的麻烦也来自哪里。这些复杂的关系网络往往把我们卷入一个无法掌控的场域，你依赖的对象越强，这种不可控性也就越强，因为在他背后一定有你看不透的能量场。如果还不了解"关系"的利与弊，那就看看北朝斛律氏家族的兴衰故事，看完之后你的人生态度或许会有所改变。

另外，你有没有想过，要在这一生中尽最大的努力去做好某一件事呢？甚至有想要创业的想法？那么，做好一件事最根本的前提是什么？关于这个问题，东汉的开国皇帝刘秀倒是给我们留下了最好的示范，看完他的故事，你一定能找到答案。

以上这些都是我在这本小书里为有志于提升自己的读者准备的案例，努力把《资治通鉴》中宏大的历史场景转化成对我们的日常生活有参考价值的场景，当然书中涉及的主题不止这些。《资治通鉴》内容这么多，维度这么丰富，只要我们愿意阅读，愿意思考，一定能让它成为我们的人生修炼场。

目 录

一、人生第一课 ·001·
　　预让和列御寇的故事

二、成功一定是好的状态吗 ·015·
　　田单的故事

三、一位强势母亲的悲剧 ·029·
　　吕雉的故事

四、以退为进，以柔克刚 ·043·
　　汉文帝的智慧

五、事业的成功，只需做到两点 ·057·
　　刘秀的创业故事

六、了解自己，是所有决策的第一步 ·073·
　　三国时期石亭之战的启示

七、德不配位，是个大麻烦 ·087·
　　西晋初年杨骏辅政失败的故事

八、功成不居的智慧 ·101·
　　王晞与侯安都的比较

九、"关系"的利与弊 ·117·
　　斛律金的处世态度

十、把握节奏的重要性 ·131·
　　隋炀帝为什么失败

十一、努力做自己 ·147·
　　颜真卿之所以是颜真卿

十二、外圆内方的技巧 ·161·
　　冯道为什么是不倒翁

【一】

人生第一课

/ 预让和列御寇的故事 /

充满不确定性的人生时而让我们迷茫，时而让我们焦虑。

这些迷茫和焦虑，有时候是因为我们被太多的欲望束缚，有时候是因为我们还没有参透生活的本质。如何减少这样的迷茫和焦虑，是每个人都想知道的答案。关于这个问题，《资治通鉴》能给予我们什么？让我们先来看几个故事，这几个故事正好都集中在《资治通鉴》的开头部分。

《资治通鉴》中第一个完整的故事是"三家灭智伯"。

春秋后期最强大的诸侯国晋国被四大家族掌控着,他们是智氏、赵氏、韩氏,以及魏氏,其中又以智氏最为强盛。但智氏家族的领袖智伯为人骄横,刚愎自用,经常欺凌其他三家,最终韩、赵、魏三家联手,灭掉了智氏。智氏家族从此退出历史舞台,智伯的头颅也被赵氏领袖赵襄子砍下,做成了饮酒的器具。

虽然恨智伯的人很多,但他生前也赏识、提拔过人才。当他的人生以如此凄惨的情形收场后,有人想替他复仇,这个人名叫豫让。为了使计划成功,豫让故意犯罪,以囚徒的身份进入到赵襄子的宫殿中做苦力,被安排去"涂厕",也就是整理厕所、打扫卫生。豫让知道赵襄子一定会来上厕所,所以随身携带了一把匕首,等待刺杀赵襄子的机会。

赵襄子的警惕性也很强,一日如厕,感觉气氛很诡异,就派人在厕所中搜索,果然在豫让身上搜出了匕首。

身边的人建议直接将豫让处死。但赵襄子在问清缘由,得知豫让是要为智伯报仇以后,说了这样一番话:"智伯已经死了,没有留下任何继承人，智氏家族也变得无权无势。可豫让依然愿意为智伯报仇，那他肯定是除了报答智伯之外，别无所求，这样的人才是真正的义士。"说完，赵襄子就下令释放了豫让。

可是豫让并不甘休，继续寻找复仇机会。问题是，现在无论是赵襄子，还是赵襄子身边的人都知道了他的相貌，豫让根本无法再接近赵襄子。

于是，豫让想出了一个非常极端的办法，先是"漆身为癞"，直接把"漆"涂抹在身上，让皮肤溃烂、变形。容貌尽毁的豫让故意走到妻子面前，妻子居然没有认出他，只是说："你和我的丈夫没有任何相似之处，但你的声音为什么如此像他？"豫让意识到，虽然自己已经毁容，但声音还没有变化，别人有可能通过声音辨认出他。于是他又"吞炭为哑"，居然跑去吞食木炭，让自己声音变得沙哑。

自此之后，豫让的妻子再也认不出他了。但还是有位朋友一眼就把他给认出来了。这位好友拉着豫让的手痛哭流涕，替他感到难过，说道："以你的才华，若是投靠赵襄子，肯定能够得到他的信任和尊重,很容易成为他的宠臣,如此一定会有很多复仇的机会。你为什么要这样自我摧残呢?关键是,这样也不见得能复仇成功啊!"

豫让说:"如果我投奔了赵襄子,就和他形成了君臣关系。利用他对我的信任去刺杀他,那是不义,我不愿做这样的事情。我宁愿用这个非常困难却不容易成功的方法,这样我的良心不会有任何不安。"不久之后,豫让再次出击。这次他躲在赵襄子必经的一座桥下,赵襄子的队伍到达这里时,马受到了惊吓。赵襄子的卫队顿时又紧张了起来,下桥搜索时找到了豫让。

此时赵襄子已经认不出眼前之人是谁了,询问之后得知又是豫让,赵襄子非常生气,说:"我已经放过你一次了,你怎么又来刺杀我?"紧接着赵襄子又问:"早先,你曾在范氏、中行氏两家做过臣子,他们两家是被智伯灭掉的。你不仅没替他们报仇,反而投靠了智伯。现在我灭了智氏,你却为何执意替智伯报仇?"

豫让回答说:"因为范氏和中行氏以平常人对待我,他们失败后，我也以平常人的姿态对待他们。但是智伯不一样，智伯一开始就把我当作国士来对待，现在他被杀了，我就应该拿出国士的样子来回报他。"

豫让又对赵襄子说："你的确了不起，能如此宽宏大量地对待想刺杀你的人。但我依然想完成替智伯报仇的心愿。以我目前的能力看，是没办法杀死你了。所以我请求你一件事，请你把衣服脱下来，允许我用剑击打你的衣服，姑且就代表我已经为智伯报仇了。"赵襄子听完豫让的心声，再一次被感动了，于是他把自己的衣服脱下来，让人拿到豫让面前。豫让"拔剑三跃，呼天击之"，拔出剑，跳了三下，口呼苍天，用剑击打在赵襄子的衣服身上。

做完这一切之后，豫让觉得自己对得起智伯了，最后"伏剑而死"，自杀了。

豫让身上具有许多现代人不具备的正直感，不过，他的人生太极端了，并不见得是我们学习的榜样。但也正因为极端，才有助于我们把问题看得更透彻。豫让是如何看待自己的人生的？关键是他临终前和赵襄子的那番对话。他说，智伯以国士的礼遇对待他，他就要用国士的姿态回报智伯。什么是国士？国士就是举国上下最优秀的人。他可以像豫让那样，充满勇气和正义感，敢于自我牺牲，敢于挑战难以完成的任务；也可以像汉代军事家韩信那样，具有很高的智慧和能力，在战场上获得一个又一个胜利。

在智伯用看待国士的眼光看待豫让的那一刻起，豫让就有了明确的人生定位，他要成为名副其实的国士。智伯的死给了豫让证明自己的机会。豫让无权无势，更没有千军万马，一切只能靠他自己，最终豫让选择了非常极端的手段。与其说豫让的目标是为智伯复仇，不如说他想证明自己。

越是艰难的证明，越需要付出代价。

我们不必模仿豫让的人生路径，但他的故事能给我们很多启发。首先，豫让很明白自己想要什么，他想证明自己配得上国士待遇。其次，豫让知道做到这一点非常困难，需要付出极大的代价。最终，豫让选择了付出代价，去证明自己。他的人生路径非常清晰。正因为清晰，所以没有焦虑，没有彷徨，当然这个故事背后还有豫让的毅力和勇气。很多时候，我们的人生之所以焦虑、迷茫，正是因为缺少这种清晰度。有时候我们不知道自己想要什么；有时候知道想要什么，但在估量了所需付出的代价之后，又患得患失，迟迟不愿意做出选择。

完美属于上帝。没有一个凡人的人生会完美，无论贵为帝王，还是平民百姓。我们要做的，只是在同样不完美的各个方案之间做出选择罢了。如何选择，则取决于我们究竟想要什么样的生活。

我们再讲一个列御寇的故事，他的人生选择和豫让恰恰相反。

列御寇是先秦道家的代表人物，他的处世态度和庄子非常接近，不愿意用安逸的生活换取世俗定义的"成功"，更不愿意为了别人的事搭上自己的性命。

列御寇非常穷，穷到什么程度呢？总是饿肚子，而且"容貌有饥色"。孔子讲"君子固穷"。因为君子是有原则、有操守的，不会为了利益不择手段，所以选择做君子的人，被贫困围绕，是很正常的事。但列御寇的穷，和儒家君子积极做事依然很穷的状况，还是有些不同。

作为道家，列御寇的人生态度相对消极，和儒家无奈地面对穷的态度相比，列御寇的穷是更为主动的选择。

列御寇生活在今天河南地区的郑国，郑国当时的宰相名叫郑子阳。一天，有人对郑子阳说道："列御寇是有道之士，非常有名望，也很有本事。他居住在你管理的国家里，却非常穷困，穷到要饿肚子。别人难免会议论你，说你作为宰相不尊重贤才，那郑国对于其他贤才来说还有什么吸引力呢？不能聚集人才，又如何能把这个国家治理好呢？"

郑子阳觉得这话很有道理，马上派人给列御寇送去好多米，以示礼贤。列御寇见到郑子阳的使者后，表示非常感谢宰相的照顾，但同时也明确表示，坚决不能接受这些米。使者没有办法，只好带着米又回去了。

接下来，《资治通鉴》有一个非常戏剧性的描述。列御寇的妻子目睹这一幕发生后,"望而拊心曰",一边看着列御寇,一手拍着自己的胸口,非常痛心疾首地对列御寇说:"我听说那些有道之士的妻子和孩子,往往都是很快乐、很安逸的。可我嫁给你之后,就饿得不成人样。如今宰相看得起你,专门派人来给你送粮食,你却不接受。这究竟是为什么呀?我嫁给你真是倒了八辈子霉了,我的命也太苦了吧!"这类抱怨,在我们的生活中也经常听到,一点儿都不陌生。

列御寇听完妻子的抱怨笑了,说道:"你真是不了解我,也不了解那些有权有势的人。我在郑国住了这么久,宰相郑子阳一开始根本没有想过要来尊重我。现在是别人对他说,列子这个人你要尊重一下,他听进去了,才派人送东西来。你觉得这些东西是白给的吗?不会。我列御寇也算有点名气,郑国的国君、贵族,有几个不知道我的?他若真是发自内心地尊重我,应该一开始就想到我了,不会等到今天。他今天送东西来,一定有目的,说不定哪天就会对我有所要求。即便不是他主动提,我今天当着这么多人的面收下馈赠,以后也得回报他。问题是,将来在他身上会发生什么?为了回报他,我又会付出怎样的代价?都不好说啊!我不愿意为那些并非真心实意尊重我的达官贵人自我牺牲。为避免这些麻烦,避免被未来的不确定捆绑,最好的办法就是不要跟他们有任何往来,不要接受任何馈赠。"

列御寇就这样对妻子做了一个交代,尽管这无助于解决饿肚子的问题。

过了一阵子,郑国果然发生了内乱,郑子阳在政变中被敌人所杀。得到消息之后,列御寇对妻子说:"还好当初没有接受他的米。如果当时受了他的恩惠,现在我能不为他出头吗?我要是不为他出头,就是忘恩负义。但问题是,我要替他出头的话,我自己都觉得冤。他只是为了名声,为了摆出个宰相礼贤的姿态,才送我东西。可等他死的时候,我却要搭上自己的性命,值不值呢?"

和豫让的故事相比,列御寇的故事更世俗些,不那么高不可攀、遥不可及。但仔细想想,列御寇的人生态度也很极端,极端到宁可让妻子饿肚子,也要坚持自己的选择。但正如前文所说的，极端环境中的故事更容易让我们看清楚本质问题，因为它把那些拖泥带水、旁生枝节的内容都删除干净了。

列御寇的人生态度，最大特点是从一开始就抱定了一个宗旨：性命是最珍贵的，只有性命真正属于自己，不能为了任何一个外在理由牺牲性命。

列御寇和豫让的不同之处在于，豫让选择用牺牲性命来证明自己的价值；列御寇恰恰相反，认为性命才是最本质的东西，不值得为任何目的牺牲它。或许有人会在列御寇和豫让不同的人生态度间做一个高下评判，而我想说的是，列御寇和豫让只是在同样不完美的人生方案中做出了不同的选择，他们都非常清晰自己想要什么，并知道将要为之付出什么代价。

列御寇为了确保性命始终属于自己，拒绝了达官贵人的馈赠。但在保住性命的同时，他也付出了其他代价。

什么代价呢？

第一，要饿肚子，要安于贫困的生活。第二就更重要了，时刻准备好挨老婆骂，要遭受来自家庭或社会的指责。所以从表面上看，豫让和列御寇的选择相反，其实我们能从他们身上提炼出相同的道理：做任何一种选择，都要准备好为之付出代价。世上哪有那么多鱼和熊掌兼得的好事。当然，在生活中，很少碰到类似豫让、列御寇这么极端的案例。我们可以适当地妥协，也可以仔细权衡，选择利益更多或伤害更小的方案，但道理就是这么个道理。

有时候人生的迷茫，并不是因为没有选择，而在于选择太多，不知道该如何取舍，各种利弊交缠让人们反复计较。因此，我想《资治通鉴》给我们上的这一课很重要：世界上没有任何一种选择是有百利而无一害的。

当你选择了这个，就有可能失去那一个，这是必然。如果真有人运气好，碰上了两全其美的好事，那才是偶然。所以当你做出选择后，就应该准备好为这样的选择承担起相应的责任，或者去支付那些应该支付的代价，这才是人生常态。豫让选择了忠义，选择了对得起国士待遇，为此他付出了生命。列御寇选择了把生命留给自己，不愿意积极入世，他付出了物质生活的代价。

写到这里,我想起了《金瓶梅》中的一个细节。

在《金瓶梅》里,和潘金莲一起被卖作乐伎的,还有一位叫白玉莲的姑娘,但这位白玉莲姑娘出场不久就病逝了。

其实我们不一定把白玉莲和潘金莲看作是两个具体的人,而是可以对照着潘金莲,把白玉莲理解为人生、命运的另一种可能。正因为白玉莲出场不久就死了,所以她可以免于遭遇潘金莲那样的屈辱人生,但她付出了短寿的代价。正如她们的名字所昭示的,潘金莲表面金光灿灿的人生,需要包藏多少污垢;白玉莲能够如莲花般出淤泥而不染,甚至给人以洁白如玉的想象,那是因为她死了才能干净。无论是潘金莲式的人生,还是白玉莲式的人生,代价都是巨大的。

人在年轻的时候总是想要得到很多,既要名,又要利,既要有幸福感,又不想吃太多苦,什么都不想干,什么都不想落下。人生的第一课就是要趁早想明白,这是不可能的。

我们在选择任何一种可能的时候,都必须放弃其他可能。

【 二 】

成功一定是好的状态吗

/ 田单的故事 /

我们都生活在世俗中，世俗形成了很多习惯、风气、评判标准，人们经常用世俗的眼光相互评判。为了赢得别人的欣赏和肯定，多数人都会按照世俗的定义追求成功。但当人处于某种成功状态的时候，一定是件好事吗？

《资治通鉴》告诉我们，并不见得。

战国时期，齐国有一位将领叫作田单。对于齐国而言，这是一位英雄般的人物，因为他在齐国最窘迫、衰弱的时候，挽救了齐国。

齐国曾是战国中期最强大的诸侯国，那时候秦国的商鞅刚刚开始变法，赵武灵王的胡服骑射改革也只是初见成效。但随着秦、赵两国的改革成效越来越明显，它们也试图争夺霸权。于是这两个新兴强国在背后组局，又联合了燕国、魏国、韩国，组成五国联军，让齐国的世仇燕国出头，其他几国出人、出粮，共同讨伐齐国，主帅是燕国将领乐毅。这就是战国历史上著名的"乐毅伐齐"。

乐毅是个能人，再加上背后有五国集团支持，战争爆发的当年，也就是公元前284年，乐毅率领着以燕军为主力的盟军连克齐国七十余座城池，打得齐国国君被杀、太子出逃，齐国面临亡国的危险。面对来势汹汹的敌人，所有齐国老百姓也都争着逃命，生怕被燕军逮到，当时还只是一名小官员的田单也准备率领家族成员逃亡。在逃亡之前，田单告诫自己的族人，要做些准备工作，"使其宗人皆以铁笼傅车辖"。所谓"车辖"，就是车轴暴露在车轮外侧的那一端，田单嘱咐家里人说："你们所有人记住，每一辆车的车辖一定要用铁笼子罩好才能上路。"大家一开始不知道他为什么这么交代，但既然田单有明确要求，大家也都不明所以地照做了。

结果在争着往城外逃的过程中，大量逃亡的人都拥挤在城门口，你争我夺，想要抢先一步逃出去，人撞人、车子撞车子的情况非常严重，很多车子由于没有受到保护，都在撞击的过程中被撞断了车轴。车轴一被撞断，轮子就转不起来了，车子只能瘫在原地，原本作为交通工具的车子不仅发挥不了作用，反而变成了负担。唯独田单家族的车，由于田单早就有所交代，对车轴最容易磕碰的部位进行了保护，用铁笼罩好，他们家的车子没有一辆受到损伤，家人全都安全逃出来了。

通过这件事，很容易发现田单心思细密，而且很有预见性，不是普通的小聪明。田单的能力逐渐为众人所认可，他也以此为契机，被选为前线指挥官，成为齐国复国的主要代表人物。

在齐国复国战争最紧张的时候，还有两个重要城市据点没有被燕军攻占，一个是莒，一个是即墨。田单坚守在即墨城，用尽一切办法抵挡燕军，而他的对手乐毅各显神通。接下来的形势发生了有利于齐国的变化，之前全力信任、支持乐毅的燕昭王去世了，他的儿子燕惠王继承王位，而燕惠王在做太子的时候就和乐毅有比较深的矛盾。

田单听说这件事以后，非常敏锐地意识到，这是一个机会，马上派人到燕国行反间计。

他让人散布谣言，说："现在，齐国还没有被攻克的城市仅剩下两座，对于乐毅这样的猛将来说，拿下这两座城池是轻而易举的事情，乐毅之所以迟迟不发动最后的进攻，是因为他和新国君有矛盾，不想把齐国打下来后拱手献给燕国新君，而是正在思考如何与齐国人合作，在已经占领的齐国地盘上建立新的统治。所以齐国人并不害怕乐毅，但燕国如果另外派一位将军去攻打齐国，齐国马上就要完蛋了。"

燕惠王本来就不信任乐毅，在这种心理作用下，田单的反间计很容易奏效。果然，燕惠王中计了，连夜派使者将乐毅召回，另派一位名叫骑劫的将军赶往前线。乐毅也深知回国之后不会有什么好下场，便投奔了赵国。乐毅在前线的时候，既有高超的军事指挥艺术，又能关爱士兵，深得将士们爱戴，前来替换的骑劫既没有军事指挥能力，也不关爱士卒，燕军和联合部队由此军心瓦解，逐步丧失了战斗力。

田单看到这一幕之后，又加紧了运作。他先是谎称燕人大肆屠戮齐国俘虏，毁坏城外的齐人先祖坟墓，希望用这样的宣传激怒齐国老百姓、煽动守城将士的情绪，以提高他们的战斗积极性。这一招又奏效了，齐国军民听到这些传言后，"皆涕泣，共欲出战，怒自十倍"。紧接着田单又从百姓那里募集钱财，然后让即墨的富豪做间谍，跑到燕人的军营中，对燕国的将官们说："即墨城眼看就要守不住了，请收下这些黄金。看在这些钱的份上，等到城破的那一天，就不要再屠戮我的族人了。"燕军将士自然非常高兴，同时也更加懈怠。

一切准备妥当以后，田单意识到时机成熟了，组织了一次大反攻，这就是历史上非常著名的火牛阵的故事。

田单在大半夜发动了对燕军的偷袭。他在城里面搜罗了很多牛，让这些牛穿上彩衣，在牛角绑上刺刀，又在牛尾巴绑上稻草。当所有的牛集合在一起，田单让人点燃牛尾上的稻草，牛在受到惊吓的情况下疯狂地向燕军军营冲去。燕军方面所有的战马都受了惊吓，营盘一乱，燕军将士的阵脚也就乱了。再加上由于临阵换将，燕军士气本来就非常低迷，根本没有作战的心理准备。田单一鼓作气，就把燕军给击溃了。燕军全线后撤，直到撤出齐国国境。齐国就这样成功复国了，虽然国力跟以前不能相比，但至少有了新生的机会。

如此一来，田单就成为齐国人心目中的英雄。

我们理一下故事内容，田单为什么能成功也就很容易总结出来。除了心思细密、有预见性之外，他在困境中展现的毅力和善于捕捉机会的能力，在谋划过程中善于利用人的情绪，以及不按常理出牌的手段等，都是田单能成为复国英雄的条件。从中我们看到田单是一个非常复杂的人，有常人难以企及的智慧。

但即便是这样一个人,他能永远定格在成功的状态中吗?

复国以后,田单做了齐国的宰相。这时候,边境上又出了点问题,齐国和一个叫"狄"的游牧民族发生了冲突。田单就想率领军队去攻打狄国。

临行之前,有一位名叫鲁仲连的高人来见田单,并对他说:"将军攻狄,不能下也"。他说田单肯定打不赢这一仗。田单回敬道:"你说什么呢?当年复国之战,我手里没有几张牌,不还是率领着残兵败将把强大的五国联军赶走了,让齐国疆域恢复如初,让齐国百姓回到生活的正轨上来。现在只是一个小小的狄国,我怎么可能打不赢这一仗?"心高气傲的田单说完这番话,头都不回,转身就走,连看都不看鲁仲连一眼,心里肯定在想,你一个光凭口舌吃饭的家伙,有什么资格来评论我?

田单攻打狄国的结果如何?不幸被鲁仲连说中了。田单本以为狄国很容易被击败,可以在很短时间内完成战斗,顺利班师,结果却是"三月不克",始终没办法在战场上取得成功。

这时,消息传回齐国,齐国的老百姓也开始嘲笑田单。齐国的儿童在大街上吟唱一首讽刺他的歌谣："大官若箕，修剑拄颐，攻狄不能下，垒枯骨成丘。"所谓"官"就是帽子，说田单帽子大得像簸箕一样，这是非常辛辣的讽刺，暗指田单即便上了战场，装扮还是非常华丽；"修剑拄颐"，他们想象出一个画面，田单把长长的一把剑，一头拄在地上，一头撑着下巴，仿佛在那儿发呆，仿佛又在那儿思考，怎么就打不下来呢，怎么就打不下来呢？如此一种既无奈，又迷茫的状态；所谓"攻狄不能下，垒枯骨成丘"，是说攻打了三个月，阵亡将士的尸骨堆成了小山丘，让齐国蒙受了很大的损失。

流传在齐国街头的这首童谣把百姓们失望、不满的情绪表达得淋漓尽致。虽然齐国复国之战和攻狄之战都是战争，但两场战争的性质完全不同。当初要复国的时候，那是不得不牺牲，老百姓可以忍耐。现在齐国已经走上正轨，面对的敌人又是狄国这样的小国，再打成"垒枯骨成丘"这个结果，老百姓可就不答应了。要知道，这支部队是由齐国的子弟兵组成，当父亲得知儿子阵亡，兄长看到弟弟受伤，心里怎会不悲伤？这才有了这样一首讽刺性的童谣。老百姓心里会想：田单，你是响当当的大英雄，又是堂堂的齐国宰相，现在交出这么差的成绩单，这到底是怎么了？田单还是那个田单吗？是我们看错你了吗？

事情到这个地步，田单自己也很纳闷。他回想起临行之前鲁仲连对他说的那句"将军攻狄，不能下也"，觉得鲁仲连真是个奇人，有必要找他问个明白。

于是田单找到鲁仲连，向他请教："先生，战争还没打的时候，你就说我这一次成不了，这是为什么呢？"

鲁仲连毫不隐讳，直接回答："将军之在即墨，坐则织蒉，立则仗锸。"意思是说，当年你在困境当中，为了恢复齐国而奋斗的时候，是什么状态？你坐着的时候，站着的时候，有一刻停下来过吗？坐着的时候，你亲自编织草筐。站着的时候，你亲自拿着叉去铲土，因为防御工事需要不断地修补。你带领大家不停地编织草筐，再用草筐来装土，堆高城墙。那时候你一刻不停，始终处于艰苦奋斗的状态。不仅如此，你还"为士卒倡曰：无可往矣，宗庙亡矣！今日尚矣，归于何党矣！"不停地激励将士们，对他们说，兄弟们，我们已经无家可归了，这一仗我们打不赢的话，我们就彻底完蛋了。军队上上下下是什么状态呢？"将军有死之心，士卒无生之气，闻君言莫不挥泣奋臂而欲战，此所以破燕也。"

在鲁仲连看来，之前的田单已经准备好为齐国付出自己的生命，每一个普通的士兵也都准备好要为国家捐躯，所有人都有一种为了复国，什么都可以贡献出来的决心，要为复国拼死一战。全军上下这样的状态下，打败燕国和联军，恢复齐国，当然是很正常的。而现在呢？田单享受着高官厚禄，身边又有那么多美女，这些都放得下吗？这时候又怎么舍得去死呢？

说话间，鲁仲连指着田单的腰间，对他说，"你看这条腰带，是纯金打造的，你佩戴如此奢侈的饰物走向战场，你真的有必死之心吗？你有把所有东西都豁出去的决心吗？肯定没有。因为有太多的东西值得你留恋了。所以，在你出发之前，我就说这一仗必输，因为你如今的状态跟当年完全不一样了。"

田单听完后连忙向鲁仲连下拜，感谢鲁仲连一语点醒梦中人。田单毕竟是田单，经过这番谈话，他知道自己应该如何换回状态，如何打赢这一仗。回到前线以后，田单"乃厉气循城，立于矢石之所，援枹鼓之"，把自己身边珍贵的东西都扔掉，亲自到第一线巡抚将士，和士兵们同甘苦，甚至在战事紧张的时候，到最危险的地方激励将士。这时的田单仿佛又回到了当年，回到为了胜利什么都可以豁出去的状态。过了不久，齐军打败狄国，顺利班师。

我相信，很多人都有和田单类似的经历，或者在生活中看过相似的故事。

年轻的时候，我们不顾一切地奋斗，随着成就越来越高，人也越来越自信，以为一切尽在掌握中。很少有人在成功的当下就意识到，成就感是桎梏我们的牢笼。更少有人意识到，生活越来越顺的时候，不一定是走在上坡路上，很可能是下坡路的开始。电影《爱情神话》中男女主角有一组经典对答，男主问女主这些年还顺利吗，女主回答说："下坡路呀，能不顺吗？"仔细琢磨一下，这话挺深刻。走着顺的，一般都是下坡路，上坡路走着都费劲。

人一旦认为自己已经成功，不仅奋斗的动力、意志会下降，学习新知、评估形势的能力其实也在衰退。同时，对困境会越来越缺乏承受力，因为他有退路，不一定非得扛下去。此时此刻，他的确拥有了比以往更多的财富、更多的资源，但他懒得再砥砺自己了，也懒得去寻找新世界。

所以，把自己的状态定义为"成功"，其实是把自己堵塞在缺乏上升通道的空间里，是把自己困在了成功里。

有人会说，知足常乐不是很好吗？得罢手时且罢手，为什么一定要不停地向上攀升呢？适时躺平，享受生活不也是很好的选择吗？

其实这是两回事。

知足常乐的前提是控制自己的欲望，懂得欲壑难填，不可放纵，本质是要修养心性。另一方面，人可以安享眼前的成功，放弃新的追求，但这不意味着新的困难、新的麻烦不会来找你，尤其是当你还承担着某种责任、义务的时候，又该如何面对这种局面呢？正如田单成了英雄、成为齐国的宰相，这并不能保证齐国不会碰到新的麻烦。这个新的麻烦比齐国危亡时刻小多了，失去斗志的大英雄田单却应付不了它。

所以，成功何尝是一种固定的、静止的状态呢？当人一旦认为自己处于成功的状态中，很可能恰恰就是危机四伏的时刻。田单的故事非常辩证地说明了这层道理。

分享一些我自己的体验。还在做穷学生的时代，我不知道自己的人生将会怎样，除了努力学习，没有其他选择。那时候每天十几个小时，要么在图书馆，要么在自习教室，好好看书，认真思考。现在略有些名气了，成为别人眼中的《百家讲坛》名师，每次被隆重介绍之后都得意扬扬。社会应酬越来越多，读书思考的时间越来越少，每当夜深人静，想到这些问题时，我都有深深的恐惧感。虽然不可能回到单纯的学生时代，但我还是不停地鞭策自己，要多抽时间读书思考，仍然要学习、成长。

自以为成功真的不是一种好的人生状态，这是我想跟大家共勉的话题。

【三】
一位强势母亲的悲剧

/ 吕雉的故事 /

吕雉是一位非常强势的女性，刘邦死后，二人的儿子汉惠帝刘盈登基，但在很多方面，吕雉甚至比这个新皇帝更有发言权。没过几年，汉惠帝也死了，在此之后的很长一段时间里，吕雉都是汉朝朝政的实际掌控者。

这样一位女性在中国历史上充满着争议。作为政治家的吕雉，离我们很远；作为母亲的吕雉，离我们很近。我们就来讲讲作为母亲的吕雉。

刘邦去世以后,当时政治舞台上最耀眼的明星就是他的遗孀吕雉。司马迁在写作《史记》的时候,里面还专门有一篇《吕后本纪》,可见其地位之高。

但其实刘邦还在世的时候,吕雉的地位曾经遭遇过严峻的挑战,挑战她的是另一位赫赫有名的女性——戚夫人。

秦朝末年,刘邦加入起义潮流中,此后三年灭秦战争,五年楚汉相争,奠定了大汉基业。在这些艰难的岁月里,吕雉基本没有陪伴在刘邦身边。刚开始的时候,吕雉在老家带孩子、照顾老人,后来这个"留守家庭"被项羽俘虏了,直到项羽去世前不久才被释放。

吕雉为刘邦吃这么多苦,刘邦身边却不缺女人。其中最受宠的就是年轻漂亮、能歌善舞的戚夫人。刘邦参加起义前,在老家有过两个儿子,其中老二就是他和吕雉所生的刘盈。戚夫人也给刘邦生过一个儿子,是刘邦所有儿子中的老三,名叫刘如意,后来被封为赵王。从刘如意的兄弟排行就可以看出来,戚夫人追随刘邦相当早。

刘邦称帝以后，建造了长安新城作为首都，吕雉是重要监工之一。新营造的宫城分两个大殿区，西面的是未央宫，东面的是长乐宫。吕雉住在长乐宫，她的老公和另一个女人，也就是戚夫人，一起住在未央宫。吕雉一直在默默忍受这一切，但有一件事，让她无法再继续沉默了。得寸进尺的戚夫人，居然想废掉吕雉的儿子刘盈，拥立赵王刘如意成为太子。

刘邦的大儿子刘肥是婚前所生，古人称为"庶子"。原配夫人吕雉所生的刘盈虽然是老二，却是古代礼法认可的"嫡长子"。戚夫人再受宠，也只是妾，她所生的儿子也是庶子，在礼法规则中无法挑战嫡长子的继承权。所以刘邦称帝后，刘盈名正言顺地成为太子。但规则是规则，人是活的，一定会有人想方设法挑战规则，这个现象自古以来都不新鲜。戚夫人就想仗着刘邦的宠爱挑战规则，于是闹出一场太子风波。

刘邦对戚夫人是爱的，所以认真考虑过换太子这件事，但这个想法最终还是被压制了。

究其原因，大致有三：

首先是公论，戚夫人和刘邦是私人关系，太子作为皇位继承人，关系到所有人的未来，是一种公共身份，刘邦和戚夫人企图以私人恩爱更换公共约定，是文武公卿、开国元勋们不认同的，难以服众。

其次是乡情，刘邦从沛县起义，最铁杆的老兄弟都是打那时起追随他的沛县同乡，这些人成为汉朝初年军功集团最核心的成员，他们认可的大嫂是吕雉，而不是以歌舞取悦刘邦的戚夫人。

最终是实力，吕雉虽然没有参与军事行动，但她几个兄弟是领着兵和刘邦一起攻入咸阳的，在灭秦战争中立过功，汉朝建立以后也被封侯；著名大将樊哙是吕雉的亲妹夫，他的夫人名叫吕媭。这三条因素加起来，吕雉和刘盈除了博得公论同情外，还很有可能获得军队的支持。与此相比，戚夫人除了刘邦的宠爱之外，一无所有。

刘邦毕竟老谋深算，不乏远见。在举朝上下反对声浪中，刘邦知道，即便此刻把赵王刘如意硬推上位，以后也是没有办法获得元老大臣们支持的，反而会造成统治高层的内部分裂，真要这样，汉朝就危险了。刘邦没有被戚夫人的爱冲昏头脑，没有一意孤行，而是向吕雉、大臣们妥协了，决定不更换太子。

刘邦死后，吕雉算是熬出了头，儿子上位，自己也顺利地接掌大权。被压制得太久，受了太多委屈的她，决定报复。吕雉第一个想到的当然是戚夫人，马上命人囚禁了戚夫人，并且对她髡钳，所谓"髡钳"就是把头发剃掉，用铁圈束颈。戚夫人身上吸引刘邦的东西很多，一头秀发是美貌与温柔的外延。吕雉不仅剃了戚夫人的长发，还用枷锁圈住她的脖子，"衣赭衣"，让她穿上囚徒的衣服；"令舂"，让她做囚徒做的事情，去舂米。之后吕雉又派使者去召赵王如意进京，显然是想斩草除根。

得知这个消息后，刘盈感到非常困扰。一方面，他当然知道母亲做这些都是为了自己；另一方面，刘盈是一个非常善良、仁厚的人，性格上和刘邦、吕雉都不同，他不想牺牲弟弟的性命来巩固自己的地位。思来想去，刘盈还是决定要保刘如意，所以赵王一到长安，刘盈亲自去迎接。把如意带到宫里面以后，刘盈非常认真地吩咐他："你在长安的每一天，都要和我住在一起，吃一样的东西。"

碍于刘盈的保护，吕雉始终无法得手。等到这一年冬天，农历十二月的一天，天气大寒，刘盈一早外出打猎，由于刘如意年纪小，不想这么冷的天跑到外面去，就赖在被窝里面，结果这个机会被吕雉抓住了。吕雉是行动力极强的人，马上派人拿着毒酒送给刘如意，把刘如意毒死了。等到刘盈回宫的时候，弟弟已经变成了一具尸体。

"我都是为了你好"，这肯定是吕雉最想对刘盈说的话。但吕雉始终没有关注过刘盈的情绪，没有想过，刘盈自己最想要什么？接下来，吕雉又做了一件令人咋舌的事，她派人断了戚夫人的手足，弄瞎她的眼睛，弄聋她的耳朵，让她居住在厕所当中，称作"人彘"。太残酷了！更为残酷的是，她让刘盈来参观这个"人彘"。她认为年轻的刘盈经历不多，内心纯正善良，不知人间凶险，这样很难把握住权力。所以吕雉认为，应该培养刘盈残忍的一面，让他见识一下人性的阴暗。没想到善良的刘盈看到这幅场景后，当场被惊呆，回去以后大病一场。更让刘盈崩溃的是，他知道这幅恐怖的画面和自己脱不了干系。戚夫人之所以变成这副人不人鬼不鬼的样子，是自己的亲生母亲所为，而母亲之所以这么做，全都是为了他！刘盈痛哭流涕，一病就是一年多，真是难以承受的母爱之重！

后来刘盈身体稍微有些好转，专门托人向母亲表达了自己的意见。第一句话就说："此非人所为。"妈妈，这不是人做的事情啊！但是又能怎么办呢？您是我的母亲。接着他又说："臣为太后子，终不能治天下。"如果治理天下非得这么狠心的话，那我不是一个合格的皇帝，我治不了天下。

于是，刘盈即便病好了以后，也不再勤政了，一天到晚饮酒为乐，过着一种非常颓废的生活，可见他的心理创伤有多么严重。而最具讽刺意味的是，他内心最大的创伤，恰恰是由那位奋不顾身地为他、护他的母亲造成的。

唏嘘的故事还没有结束，吕雉想要做的事，并不止于此。

杀赵王如意之后的第二年，又发生了一个故事。刘盈的异母兄刘肥被封为齐王，到长安来朝觐太后、皇帝。官方礼仪结束以后,作为家人,大家在一起喝喝酒。此时刘盈善良仁厚的一面又体现出来了。他认为刘肥毕竟是哥哥,所以就请刘肥坐在上首,自己坐在下首。

这一幕让吕雉大怒,这样的场面似乎是在提醒她,这个世界上永远有人威胁着儿子的地位,永远有人会抢占儿子的位置。一怒之下,吕雉就命人把毒酒放在刘肥面前。刘盈非常了解自己的母亲,酒端上来以后,他一看吕雉的表情就知道酒有问题,于是抢在刘肥之前把酒杯给拿起来了。吕雉一看吓坏了,赶忙把酒杯打翻。刘肥在边上也吓了一跳,他虽然还不清楚缘由真相,但已经感觉到一定是发生了什么,于是一滴酒也不敢再喝,假装醉了,赶紧离席。

回到休息的地方,刘肥开始差人多方打探,再经过身边谋臣的分析,刘肥意识到,吕雉很忌讳别人占据她儿子的位置,给他的这杯酒肯定是毒酒,内心深感恐惧。自己现在人还在长安,如果吕雉真想杀他,那是分分钟的事,怎么办?最后在谋臣的建议下,刘肥找到了一个解决办法:他将自己齐国封地内的一个郡献出来，送给吕雉的亲生女儿鲁元公主。吕雉仅有一儿一女，儿子是刘盈，女儿是鲁元公主，老太太的心头好，除了刘盈，就是鲁元公主了。通过讨好鲁元公主来让吕雉满意，刘肥的这个策略很成功。这件事果然让吕雉非常高兴。于是，就放刘肥回到了齐国封地，刘肥算是躲过一劫。

刘盈是皇帝，名义上天下都是他的，而且子子孙孙都能享受皇权带来的利益。但同样是吕雉的孩子，女儿鲁元公主和她的子孙，就没有那么多保障了。关于这一点，吕雉也一直在琢磨，如何给予女儿更多保障。终于，吕雉又想到了一个"绝招"。她决定，让鲁元公主的女儿，也就是自己的外孙女，嫁给刘盈做皇后。这等于是让外甥女嫁给亲舅舅，是悖逆人伦的事，在吕雉看来却是无比合适，以后儿子是皇帝，女儿的女儿是皇后，无论是儿子还是女儿，他们的利益在自己巧妙的安排之下，都得到了保障！

刘盈好不容易从"人彘"事件的阴影中恢复过来，娶外甥女的消息又给了他一个晴天霹雳。更难以接受的是，这位外甥女当时还未成年，刘盈的心理阴影该有多大！在吕雉的强势推动下，对刘盈来说没有反抗的余地。外甥女的父亲姓张，历史上称其为张皇后。婚后刘盈更是只能用酒精来麻痹自己，他当然不会去碰外甥女，所以有一种说法，认为张皇后直到去世还是处女。婚后第四年，刘盈就在郁郁寡欢中去世了，去世的时候年仅二十三岁，没有留下子嗣。吕雉的母爱，始终是刘盈生命无法承受之重。

把吕雉当作一个普通人来看待，我们能理解她曾遭受的委屈，能理解她对戚夫人的恨，和因此带给她的不安全感。人生最难的是把握分寸和保持理性，一旦任何举措都任由情绪驱使，结果是非常可怕的，往往会走向初心的反面，而且很可能是非常极端的反面。吕雉在掌权以后的行为就是极好的案例。吕雉本来想让刘盈成为受益者，没想到刘盈也成了她这些行为最大的受害者之一。

不能说吕雉不爱她的孩子，但从刘盈和张皇后的结局来看，能说她是一位成功的母亲吗？其中最大的问题，除了手段过于极端、过于情绪化之外，吕雉始终以自我为中心，站在自己的角度考虑问题。她很努力地想给孩子更多，但从未尝试跳离自己的思维模式，换位思考一下、仔细体会一下，孩子最在乎的到底是什么？当然，要做到这一点很难，受过良好现代教育的家长都未必能做得到，更何况是具有绝对权威的古代父母。

再说说刘盈的性格。

他是一个比较软弱的人，当然从正面来讲是仁厚。刘盈的性格为什么这么软弱？

这和他父母都是强势的人有很大关系。

很多现代家庭也能体现这样一条规律：父母比较强势，孩子就相对弱；反之，父母比较温和，善于和孩子沟通，孩子的自主能力和行动能力反而会强一点。因为父母强势，就意味着他们总是要求孩子按照自己的思路、节奏去做。孩子一旦违背他们，他们就会强行去扭转，在他们看来，这是在帮助孩子纠正错误。所以从很小的时候，孩子就被培养成一种必须服从的性格，成年以后，当然比较软弱，没办法自立，这是非常常见的事。相反，父母如果比较尊重孩子的自主性，孩子在成长过程中，自己替自己拿主意，自己解决问题的能力就会逐渐培养起来，成人以后，性格也会比较强。

孩子的成长道路必须自己走，没有任何人可以替代。很多父母误以为自己是成年人，更有经验，选择、判断更准确。首先，这是一种偏见，成年人的判断未必更准确。其次，即便准确，你也不能代替他成长，如果你想他成为的模样，不是他自己喜欢的模样，结果只会更糟糕。当然，不强势地为孩子安排道路，也不意味着父母要一味宠溺、顺从孩子，不能从一个极端走到另一个极端。身为父母，既要合理地引导，又不能过于强势地干预，真是一件很难的事。

我们看古人的故事，无非是借助他们的经历领悟适用于自己的道理，并不是强古人所难。

在这个故事里，我们能看到的最明白的道理，就是需要时时问自己：我们给予孩子的，是他们所需要的吗？不仅仅是身为父母需要反省这个问题，恋人之间、朋友之间，只要牵涉到关爱，就应该有这样的反省。不能想当然地认为：因为我爱你，我为你做了这一切，所以我就是正确的。

看完吕雉的故事之后，你打算怎么去爱呢？

【四】
以退为进，以柔克刚

/汉文帝的智慧/

人生有一大难题：何时该进，何时该退。

我认为，汉文帝是著名历史人物中最懂得进退的一位。因为他能把进退的分寸把握得非常好，所以在他统治期间，各方利益得到了最好的平衡，整个社会也呈现出中国历史上少有的和谐状态。

这也是他为何能开创"文景之治"的关键所在。

一个悠闲的下午，我数了下《资治通鉴》里一共有多少位皇帝，答案是两百五十位左右，他们中多数人的名字早已湮没在历史的长河里了。若问我，《资治通鉴》记载过的这么多皇帝里最推崇哪位？我的回答是：汉文帝。

上一讲提到了非常以自我为中心的吕雉。吕雉因为不懂得平衡各派关系，在她去世以后，整个吕氏集团被以周勃、陈平为首的功臣集团消灭了，汉帝国经历了一场腥风血雨的政治清洗。公元前 179 年，肃清吕氏集团之后，功臣们推举了刘邦的第四个儿子刘恒为帝，这就是汉文帝。

汉文帝即位后，为了解决各种矛盾、安定政治秩序，采取了三大措施，这些措施可以和之前吕雉的所作所为对照起来看。

一是设法团结刘氏宗亲的重要成员，在刘氏宗亲内部制造和谐气氛。刘氏宗亲是汉代统治集团最重要的组成部分之一。汉文帝之所以这么做，是因为刘氏宗亲在吕雉专权时代被打压得很厉害。这些人要么是刘邦的子孙，要么是刘邦家族的长老，在遭受吕氏集团压迫时，内心都极不平衡。所以这支力量在清剿吕氏的过程中也发挥了重大作用。汉文帝即位之后，如果只专注于巩固皇权，维护自己的利益，而不关注宗亲的诉求，提高他们的待遇，那他们在吕雉专权时期积累起来的愤怒，不仅得不到宣泄，反而会聚集得更多，变本加厉地和汉文帝对立。

在人际关系中把握平衡，最关键的一点是要能体会别人的情绪、别人的诉求，并作出合理的安排。汉文帝在这方面具有超强的能力。

在《资治通鉴》中，汉文帝上位以后的第一条记载，就是把刘氏宗族内部年龄最长、辈分最高的刘泽封为燕王。刘泽是刘邦的堂弟。紧接着，汉文帝又把弟弟刘友的儿子刘遂封为赵王。刘友是刘邦的第六个儿子，被吕雉迫害而死。现在汉文帝重新封刘友的儿子为赵王，既起到拉拢宗亲的作用，又释放了"拨乱反正"的政策信号。最后，汉文帝又把吕氏家族夺走的齐国和楚国的土地还给了相应的刘姓亲戚们。这一系列政策，让刘氏宗亲相信他们参与推翻吕氏、拥护汉文帝的抉择是正确的。

二是嘉奖、拉拢功臣集团。当年吕雉和戚夫人对峙的时候，功臣集团中绝大多数元老都豁出去鼎力支持吕雉，这是吕雉和她儿子刘盈的地位得以保全的关键所在。没想到吕雉掌权以后，为维护吕氏家族利益而将功臣元老边缘化了。一方面，这些功勋重臣都有被吕雉辜负的感觉；另一方面，他们的能力和在军、政两界的号召力依然很强。最终，这些人团结起来，以"保护刘氏江山不被吕氏夺走"为口号，在吕雉死后发动了剿灭诸吕的战役，是推翻吕氏集团最核心的力量。

之后在选择皇位继承人问题上发挥决定性作用的，还是这批功勋老臣。他们集体否决了刘邦其他子孙继位的可能性，把皇位交到汉文帝刘恒手里。在做出这次决定后，这些老臣当然不想第二次被辜负。

对经历过那场历史巨变的人来说，功臣集团的能量是有目共睹的，汉文帝当然也心知肚明。即位后不久，汉文帝就任命周勃为首相，陈平为次相，而周勃原来的官职太尉，就由大将军灌婴来继任。周勃之所以能任首相，是因为在诛灭诸吕的过程当中功劳最大，他曾冒死闯进北军，夺取军权，这是诛灭诸吕最为关键的一环。陈平的功劳是居间出谋划策；灌婴则率军在外稳定局面。

接下来，朝廷百官排序是这样的：一号人物周勃，二号人物陈平，三号人物灌婴。这个排序实际上是对平定诸吕之功的认定。

站在功臣们的角度看，这位新扶植上去的皇帝与吕雉完全不同，懂得知恩图报。他们的喜悦心情，不禁溢于言表。《资治通鉴》以周勃为例，描绘了一个非常生动的画面："绛侯朝罢趋出，意得甚；上礼之恭，常目送之。"绛侯是周勃的爵位，每次上朝结束，周勃走出来的时候，都是一脸踌躇满志的样子，而汉文帝则对周勃这样的大臣恭敬有加，每次都用目光渐送他离开。

对宗亲和功臣两个群体，汉文帝的策略都是拉拢、抬高，对另一群人，汉文帝却进行了有力的约束，这个群体是外戚。

所谓外戚，就是皇后或重要妃嫔的娘家人，他们和皇帝是姻亲关系。外戚和功臣不一样，他们依靠和皇帝的个人关系获得富贵，对国家并不一定有实质性贡献。外戚和宗亲也不一样，因为宗亲始终是皇帝家族的重要组成部分。也就是说，外戚是皇帝个人婚姻的附属品，在旁人看来是靠着裙带关系上位的。如果外戚权势过大，甚至过于嚣张，无论功臣、宗亲还是普通官民，都会不满，他们会认为这是皇帝没能把自己的家庭管理好，没能管住大舅子、小舅子们。

汉文帝的皇后姓窦，她有个哥哥叫窦长君，还有个弟弟窦广国。在汉文帝统治了十多年之后，周勃等功臣由于年龄原因逐步退出历史舞台，朝廷必须物色一位新丞相。一开始，汉文帝觉得小舅子窦广国不错，既有品行，又有能力，是丞相职位的合适人选。

但是他转念一想，不行，这么做不妥当。虽然窦广国有品行、有能力，但天下人不见得这么想。百姓们一看窦广国做了丞相，很可能会认为他是依靠和皇帝的私人关系坐上高位，非但不能体现窦广国的品行和才能，反而替他招来怨谤，汉文帝本人也会被认为任人唯亲。最终，汉文帝放弃了这个念头，还是在朝臣中选了一位有资历、有声望的来继任丞相一职。

《老子》(《道德经》)中有一句名言："夫唯不争，故天下莫能与之争。"汉文帝可谓将这套哲学运用到了极致，用现代人的话来说，身段非常柔软。前面列举的三大策略，看上去汉文帝都是在抬高别人、贬损自己，事实上是通过满足他人利益，让其成为自己坚定的支持者，从而提高自身威望、巩固自身的权力地位。

　　这就是妥协的艺术、退让的智慧。

　　我们在生活、工作中，经常会遇到锱铢必较、分毫必争的人，这种类型的人物看上去很精明、很强势，事实上他们的人际关系网非常脆弱，或明或暗的敌对者非常多，很容易在关键时刻陷入孤立。斤斤计较能得到眼前利益，却丧失了更为长远的战略优势。

　　《老子》不只是讲柔软、退让，也讲辩证法。满足宗室、功臣的需求，是一种利益平衡，但作为皇帝来说，统治手段不能只有柔软、退让一种，手段上也需要有"刚柔相济"的平衡。汉文帝之所以厉害，就在于他重用"柔"术，却不是没有"刚"的一面。接下来我们就来看一看，汉文帝即位后，"刚"的一面是如何成长起来的。

汉文帝即位第二年,《资治通鉴》里面有这么一段记载,说"帝益明习国家事",汉文帝越来越了解和国家治理相关的事宜了。

在一次朝会上,汉文帝问丞相周勃:国家一年总共要审理多少案子?周勃回答不出来。汉文帝又问:那一年的财政收支情况又如何呢?周勃依然回答不出来,感到很惶恐,大冒冷汗。

这时候,汉文帝转过来问次相陈平,陈平回答"有主者",也就是有专门管这些事儿的人,如果想知道每年决狱多少,应该去问廷尉;如果要问财政,就应该找主管财政的官员。汉文帝不依不饶,继续问道:"既然如此,那你们宰相到底是管什么呢?"言外之意是:你们什么都不用管,那要你们干什么呢?

面对汉文帝的质问,陈平回答说:"我们辅佐天子,把握大局。对外镇抚四夷,与四邻搞好关系;对内亲附百姓,让百姓服从朝廷、官员各就其职,全国上下井井有条,这就是我们的责任。"陈平的意思是,宰相不是干某一件具体事情的,而是要把上下内外各种关系捋顺。汉文帝听完以后，觉得非常有道理。

汉文帝出的这道题虽然被以文才见长的陈平破解了，但对武将出身的周勃来说，不亚于一次下马威。

接下来，汉文帝越来越重视履行自己的职责，《资治通鉴》记载："上每朝，郎、从官上书疏，未尝不止辇，受其言。言不可用置之，言可用采之，未尝不称善。"郎官、从官指的是一些级别较低，但经常陪伴在皇帝身边的官员，他们借着经常和皇帝接触的机会，往往也会对国家大政方针提些自己的看法，以期获得皇帝的青睐。上面那段话的意思是说，汉文帝每次上朝的时候，碰到郎官、从官这些级别较低的官员积极提意见，一定会让车驾停下来，听一听他们的建议是否可用。如果可用，就采纳；不可用，也不会打击他们的积极性。对于所有提意见的人，汉文帝都会表示肯定，这样愿意提意见的人就越来越多，朝廷上参政、议政的氛围就更加活跃了。

汉文帝为什么这么做呢？

优待功臣的目的，是要让统治集团内部的气氛更为和谐，更有利于皇帝的统治，而不是要把皇帝该有的权力拱手让出去。汉文帝信任功臣，但并不把治理国家的全部希望都押在功臣身上，汉文帝需要自己的耳目、自己的队伍。这些中低级官员，就是汉文帝的人才储备库，他们希望通过为国家作出贡献而获得升迁，汉文帝则通过交流考察他们。如果能从这批人中锻炼出一支官僚队伍，就是在势力庞大的功臣集团之外，另外开辟了一条治理国家的路径。

我们在日常生活、工作当中，何尝不是这样？你对一个人再信任、再友好，也不可能把一切都押注在对方身上，一定要给自己留下回旋的余地。

细品《资治通鉴》的相关记载，我们可以发现，从汉文帝在位第三年（前177年）开始，历史进入了一个全新的时代。这一年，《资治通鉴》所记录的第一件事，就非常具有转折性意义。

这一年，汉文帝下了一道诏书："前遣列侯之国，或辞未行。丞相，朕之所重，其为朕率列侯之国！"第一个"之"字是动词，前往的意思。这里有个背景需要交代一下。在汉代，"列侯"（也可简称为"侯"）是除"王"之外最高的爵位，一般封给追随刘邦打天下的功臣。这些侯都有一块自己的封地，享受一定待遇；死了以后，可以由儿子继承爵位。

汉朝初年，这样的侯有几百位，一般都居住在长安。在此之前，汉文帝曾下达过一道命令，让列侯回自己的封地居住，不要都挤在长安，只有在中央担任要职的侯可以例外。

汉文帝这么做的目的又是什么呢？一方面，因为这些侯都是功臣或者功臣的后代，很有势力，关系网络盘根错节，相互抱团，很容易影响朝廷的决策，对日常行政形成干预。权贵多的地方，治理难度肯定大。另一方面，每位侯身边都围绕着一大群人，亲属、门客、仆役等等，这批人数量巨大。首都长安本来就是人口最集中的地方，再加上这批人，粮食供应压力非常大。无论从治理的角度，还是从经济的角度，汉文帝这么做的目的都是要为国家减负。

但这些侯的封地散落在全国各地，哪个地方的条件能跟首都比啊？所以没有人愿意离开长安奔赴封地，汉文帝那道命令下失败了。有令不行，对皇帝的权威来说是一种损害，这就说明汉文帝指挥不动功臣们，他们仗着自己的身份地位，不把汉文帝的命令当回事。所以汉文帝再次下诏，重申遣散列侯回封地的命令，这就是我们前面引用的那道诏书。

在这道诏书里，汉文帝直接点了功臣领袖周勃的名，说既然列侯们都不遵从命令，那么丞相就带个头吧。周勃被封为绛侯，封地在山西绛县。汉文帝决定先撤掉周勃丞相的职位，再让他做个表率，离开长安去绛县。如果周勃愿意配合，其他没在中央任职的列侯也就不好意思继续抗命了。

那么，周勃愿意配合吗？居然被汉文帝拿捏准了，周勃服从了这一安排。

其实早有高人提醒过周勃："君既诛诸吕立代王，威震天下"，坦然接受皇帝赏赐的一切，却不对形势深入思考。代王就是汉文帝即位前的爵位。此人的意思是，周勃领导铲灭吕氏家族，迎立代王刘恒为新皇帝，威震天下，但要知道，功高震主是一件很危险的事。皇帝很给功臣们面子，功臣们应该知趣，也要给皇帝面子。相互给面子，才是长久之道。如果不懂得急流勇退，等到皇帝掌控局面，又对功臣失去耐心之后，君臣间的对立、冲突恐怕在所难免。

周勃听完以后，觉得非常有道理，于是主动把相印让出来了，之后就离开长安，去往绛县。看到周勃都这么做了，很多列侯也就纷纷听从朝命了。

汉文帝和周勃这一招过得非常漂亮。

汉文帝和以周勃为代表的功臣集团之间，是既合作又摩擦的关系。刚上台的时候，为了答谢功臣集团，也为了争取他们更多的支持，汉文帝在权力分配和利益上做了很多让步。此时，随着汉文帝的皇位越来越稳固，掌控朝政的欲望越来越强，功臣们也应该适时向皇帝做出一点让步，以换取更长远的利益。

应该说，双方都是高手，都懂得通过退让来维护微妙的利益平衡。

这虽是一则帝王故事，但其中懂得进退、注意平衡、关切他人诉求的道理，对我们处理日常生活中事件同样是有效的。

【五】
事业的成功，只需做到两点

/ 刘秀的创业故事 /

如何通向成功？

讲起来并不难，只需具备两个基本要素：第一，要有一个明确的目标；第二，要有坚持走向目标的毅力和行动力。难的是一点一点把它做到，既要有克服各种困难的韧性，也要有拒绝各种诱惑的清醒。

其实，在通往成功的道路上，拒绝诱惑往往比克服困难更难做到。

公元22年，东汉开国皇帝刘秀第一次在《资治通鉴》中出场，那时候他还是个小人物。

虽然刘秀的祖上可以追溯到汉景帝之子、汉武帝同父异母的兄弟长沙王刘发，但从长沙王刘发到刘秀，一共是七代人。按照儒家传统观念，同姓亲戚，要有五代以内的血缘关系。即便刘秀身上有如假包换的皇家血统，但间隔了七代，和西汉后期皇帝的关系已经非常疏远。再加上王莽篡位时期，对刘氏宗亲大力打压，刘秀的地位自然不会很高。

此外，刘秀在长沙王刘发的子孙中，并非嫡系。刘秀的高祖（也就是曾祖父的父亲）名叫刘买，是长沙王刘发的儿子。史书记载刘买的爵位是舂陵侯，舂陵侯是一个侯爵，也就是说，刘买没有继承刘发的王位，而是另外被封为低一级的侯。这也就意味着，刘买是刘发的小儿子，而不是嫡长子，按照古代的礼法，王位只能由嫡长子继承。

刘买再向下传，有两个儿子，而刘秀又是刘买小儿子的曾孙。古人的嫡庶长幼观念是非常严格的，嫡长子有权继承爵位，非嫡系则会被降等对待，从而逐步衰落。刘秀兄弟三人，他又是排行最小，是老三。

所以整体来说，刘秀虽然挂着一个西汉宗室的身份，实际上他的生活处境和普通老百姓没什么区别，充其量就是一个富农阶层。

刘秀早年生活在南阳（今天湖北枣阳一带）。王莽称帝后，刘秀作为一个有上进心的年轻人到学术文化中心长安去学习，但是到长安的太学里学习需要准备住宿、餐饮等一系列费用，当然还有其他不可避免的日常开销。

为了维持生活，刘秀和同宿舍一位姓韩的朋友凑钱买了一头驴，紧接着，刘秀让自己的仆人牵着这头驴到长安大街上做雇佣，拉拉货、载载人，借此赚取些生活费。值得一提的是，刘秀和朋友凑钱买的是价格相对低廉的驴，而不是马，可见当时他的经济条件还是非常有限的。

但穷归穷，理想还是要有的。

有一次刘秀和同学们上街，正好碰到王莽的仪仗队。走在皇帝仪仗队前面的护卫武士是非常威风的，他们穿着华丽鲜艳的制服，手中拿着两头镀金的棍子，这种棍子被称为"金吾"，所以这些武士就被称为"执金吾"。

刘秀看到这些英姿飒爽的仪仗队员后，留下了一句千古名言："仕宦当作执金吾。"做官就要做这么威风的仪仗队员。说完这句话后，他又想到，做官就是为了让自己的人生更上一个台阶，组建一个美好的家庭，于是紧接着说了下半句："娶妻当得阴丽华。"

阴丽华是南阳老家方圆数十里内有名的大美女，刘秀对她仰慕已久。这就是刘秀在穷学生时代立下的志向：要当威风的仪仗队员，要娶阴丽华做自己的老婆。

综合这些内容，我们可以下一个结论，在当时的社会当中，刘秀成名之前的确是一个默默无闻的小人物，但与众不同的是，他是一个有理想的小人物。所以，年轻人还是要有点理想，万一实现了呢。你看刘秀，最终还超额完成了自己的理想。

或许是因为在长安求学不成功，刘秀最后还是回到老家南阳务农。在务农这方面，刘秀的确有天赋。当时处于王莽统治后期，自然灾害频繁，各地农业都歉收。刘秀居然能凭借自己务农的本事和勤劳的天性，不仅养活了自己，还能拿出粮食到处去卖。

刘秀有一个大哥，名字叫刘縯，慷慨刚毅，喜欢结交天下豪杰，和内敛、本分的刘秀在性格上很不一样。王莽篡位后，刘縯身为刘氏宗族旁支中的旁支，依然雄心勃勃地想恢复汉朝的统治，经常公开表达对王莽的不满，格外注意积蓄自己的力量。等到王莽末年，农民起义军四起的时候，刘縯抓准机会，也召集人马准备起义。

刘縯堪称刘秀革命人生的引路人。但一开始的时候，刘縯看不上这个弟弟，觉得刘秀整天只知道种地，不足以谈论天下大事。可是，等到真正起义之后，家乡的刘氏子弟都不敢参加，纷纷逃走，害怕起义失败而惨遭处死，这时候，一向被小看的刘秀居然马上响应哥哥的号召。

《资治通鉴》中说，当时刘秀穿着一套绛红色的衣服出现在众人面前，这种衣服在当时只有将军才可以穿，刘秀用这种方式表明自己跟着哥哥起义了。很多乡亲原本心里害怕，不敢参与，当他们看到一向老实、本分的刘秀也加入了，才慢慢醒悟到反抗王莽是大势所趋，于是都加入到起义队伍中来了。

这个故事很有意思，我们可以从两个方面来看待。

第一，刘秀平时留给大家的印象，就是一个老实巴交的农民，不仅他哥哥这么认为，左邻右舍、乡里乡亲们也都是这么看待刘秀的。在众人眼里，刘秀的能力应该是相当有限的，没有人会认为刘秀可以成大事。

第二，也正因为刘秀在大家心中是这种形象，所以连他都义无反顾地参加起义的时候，反而成为一种更具有说服力的行为了。或许是很多人都觉得自己的能力比刘秀强，既然刘秀都敢去，那么自己也可以。

刚刚参加起义以后不久，刘秀就有可圈可点的表现。当时刘縯可以发动的乡亲人数有限，不过几千人，力量薄弱；而饥荒在全国蔓延，饿殍满路，农民起义十分普遍，为了壮大自己的力量，刘縯就派人游说附近其他的农民起义军，试图联合。最后，刘縯和另外两支起义军成功合作，一起攻打王莽的官方军队，由于官军毫无准备，刘縯所率领的农民军节节胜利，接连攻下多个据点。

打了胜仗就要用战利品来安抚战士，这对农民起义军中很多没有目标、没有理想的普通人而言尤为重要，他们参加起义的目的，首先是想吃饱饭，其次是想获得一些额外财富。可就在瓜分战利品的时候，刘縯部队和另外两支农民起义军起了冲突，另外两支农民起义军的领袖认为，是刘縯主动找上门要他们帮忙，现在自己帮刘縯打败了王莽的军队，所以应该获得更多战利品，以犒赏兄弟们；为什么刘縯部下也拿走了那么多战利品？这可不公平！

农民起义军领袖对战利品分配的看法，其实是非常主观的，没什么道理可讲。在没道理可讲的事情上纠缠，是非常麻烦，也非常可怕的。

就在这时候,刘秀代替哥哥做出了一个让人刮目相看的决定,他当机立断,要求刘姓族人、部下把所有战利品都拿出来,一分不留,全部送给另外两支农民起义军兄弟。这样一来,也就不存在什么分配问题了,全都给你总行了吧?得到财物的农民军们很高兴,刘秀也借机消弭了一场潜在的内讧。

通过这件事,刘秀表现出不为常人所知的一面,而这也是一个领袖人物必备的素质:成大事者,不图小利。

刘縯、刘秀兄弟以刘氏宗亲的身份发动起义,他们的目标是要推翻王莽政权,恢复刘氏江山,这和那些因吃不饱穿不暖而参加起义的农民有很大不同。

作为有远大目标的人,把精力消耗在眼前这些非根本利益的争夺上,是十分不值得的。刘氏兄弟因为自己的队伍不够强大,所以才和这两支起义军合作。如果因为这点小小的战利品而忘记了自己真正的目标,和农民军之间爆发内讧,即便打赢了,也不过是得到一些财富,却为此损失了重要盟友,今后的路会变得很难走;如果打败了,那结局就更加糟糕,譬如一场远行,还没启动就熄火了。

所以，一个有理想的人，一定要时时刻刻清楚自己的终极目标是什么，要牢牢盯住这个目标，不要斤斤计较于一时的得失。如果每一次眼前的得失，都要充分计较，不仅会消耗大量的精力，还会妨碍你往更高更远的地方走，失去很多可贵的机会；甚至会让你付出惨重的代价，并导致最终的失败。成大事者不图小利，这是创业者首先要把握的原则。

刘秀是一个目标意识明确的人，他知道自己想要什么；接下来的问题就是，是否能够坚持。之所以这个世界上成功的人数比较少，是因为愿意坚持的人比较少。刘秀领导的昆阳之战，是中国历史上以少胜多的经典案例。义军之所以能够在相对弱小的情况下击败王莽强大的正规军，关键就在于刘秀不仅有明确的目标感，还能扛得住巨大的压力，勇于坚持。

昆阳之战发生在公元23年，也就是刘秀参加起义的第二年，当时义军势力已经扩大到一定程度，接连攻下包括昆阳在内的多个区域性城市，势力范围也扩大到了今天的河南、河北等广大地区。王莽眼见义军越来越壮大，内心十分紧张，赶紧调配一大波正规军前去剿灭。

据史书记载，当时实际调配正规军四十三万，对外声称一百万。这支官军的前锋部队多达十万人，率先抵达了刘秀所在的昆阳城。

当时很多义军将领看到官军人数众多，非常恐惧，将原本驻扎在城外的部队全部转移到了城内，他们的第一念头就是守着老婆孩子。于是有人提出说，官军十分强大，不如我们现在放弃，各走各的。

这时刘秀站出来说，我们人数少，粮食缺，若能齐心协力，说不定还有机会杀出一条生路；假如各走各的，实力分散，更加弱小，一定会被官军各个击破，别说妻子儿女和财富，恐怕连自身性命都保不住。义军其他将领一听非常生气，觉得刘秀你自己不逃走也就算了，居然还想把我们都绑在这里。

过了一会，探马来报，说官军现在越围越紧，各位就算想逃，恐怕也不容易了。这种情况下，义军将领们又把刘秀找了回来，重新商量，看是否能找到一条生路。刘秀分析道，我们城里的军队不到一万人，城外的官军多达十万人，首先，我们要齐心协力，抵抗到底，不能分散；其次，光靠我们这点人马是不够的，需要向其他地区的义军求援。

如何争取援军？刘秀再次挺身而出，决定率领最亲信的十三位兄弟，趁夜杀出重围，到附近的义军驻点求救，希望能够里应外合，击溃官军。

刘秀的确非常勇敢，在官军的重重包围下，率领十三位兄弟，趁着夜色成功突围，找到附近的其他义军，告诉他们昆阳告急，希望得到救援。结果其他义军领袖一听，觉得围攻昆阳的官军太强大了，如果前去援助，说不定还得搭上性命，思前想后，觉得还是守着妻儿、财宝重要，不打算派兵救援。

这些将领的心态，其实和之前昆阳城里的将领一样。面对这种情况，刘秀还是着眼于长期利益进行游说。

他说，如果我们能齐心协力打败王莽的军队，那就可以获得比现有财产多一万倍的财富。如果放弃救援昆阳，昆阳被攻破之后，王莽的军队一定会对义军据点逐个清剿，只要是义军的队伍，就难逃这一劫；投降也没用，在王莽看来义军都是叛贼，必杀之而后快。到那时候，别说是妻儿、财物，各位将军的命都保不住了。

听了刘秀这话，义军将领们觉得也有道理，于是调集兵马，跟随刘秀去救昆阳。刘秀率领其中几千人作为先锋部队，在昆阳城外与官军对阵。

人类历史上之所以会有那么多以少胜多的战役，是因为古代战争的关键有时不在于人数多少，对于攻城战来说，尤其如此。因为作战区域空间有限，即便有十万军队，也没办法在排兵布阵的时候全部用上，空间容纳不了。所以，十万大军、数十万大军，听上去很厉害，其实并未能将所有士兵利用起来，发挥不出全部力量。昆阳之战也是如此。

昆阳是个小城，王莽的十万大军要在城外安顿下来，得里里外外扎好几层营寨，无论哪一侧开打，有很多官兵事实上是够不着作战第一线的。这时候人少的一方反而有优势，他们可以集中兵力猛攻敌人一点，只要打败其中一部分，其余的人心自然散了。

刘秀很好地利用了弱势方的这一隐性优势。当他率领先锋部队到达昆阳城后，稍事休整，马上向官军发起猛烈的进攻，这时城内被围困的义军也打开城门，冲杀出来，两边里应外合，把参与作战的官军部队一举击溃，官军其余部队也就毫无斗志，四处逃散了。战争结束后，果然如刘秀所料，官军丢下的财富辎重数不胜数，义军连搬了一个多月都没搬完。这就是著名的昆阳大捷。

通过观察这一战，我们看到，通往成功所需的两大基本要素，在刘秀身上得到了很好的体现。

第一，由于有坚定的目标感，所以刘秀能做到不为眼前的小利所惑，劝说义军将领们不要只看眼前的珍宝和利益；第二，因为有坚强的毅力和韧性，所以在巨大的困难面前敢于坚持。而义军其他将领的表现，很容易让我们想到《西游记》里的猪八戒，一碰到困难就嚷嚷着分行李，在取经的路上总觉得熬不下去。

猪八戒这类性格的人，在生活中或许不失趣味；但在做事的团队里，一定成不了主心骨。很多人认为，《西游记》的核心人物是战斗力最强的孙悟空，但事实恐怕未必如此。

我们用目标感和坚持性来衡量，取经团队的主心骨应该是唐僧。虽然唐僧没什么战斗力，但确保取经行动成功的两大基本因素，恰恰聚集在他身上：

第一，西天取经这个目标是唐僧定的；第二，为了实现这个目标，无论遇到什么艰险，唐僧都会一直坚持下去。这才是让整个团队最终抵达目的地的关键所在。孙悟空再有本事，一旦离开了唐僧，他的目标感是散乱的，没有方向。

如果你是一个有想法、不甘平淡的人，就可以对照刘秀，反思自己：首先，到目前为止，你是否已经非常了解自己的目标；其次，你是否能够坚持下去。我也遇见过很多想努力的年轻人，却总也找不到适合自己的方向。对于这种情况，我的建议是：不妨放低预期，不要把目标和理想设得过高过远。成功不一定是有钱有地位，也可以是找到一种适合自己的生活方式。

希望我们每个人都能在自己的维度内找到属于自己的成功。

【六】
了解自己，是所有决策的第一步

/ 三国时期石亭之战的启示 /

我们常说，读史的目的在于"以史为鉴"，但想要做到这一点并不容易。

"鉴"字有一些基本的含义，最原始的含义是指一种器具，用来装水或者装冰的。后来引申出第二层含义，就是镜子。古人在没有铜镜之前，可以用盛水的盆面来照影。再进一步引申，就是借鉴的意思了。

《资治通鉴》的"鉴"字，意为以史为鉴，用的就是最后一层含义。

我们从以史为鉴的目的上来说，当然是为了更好地认识自己，为以后做一个更好的规划。但问题是以史为鉴，不能光有目的，还得有个起点，也就是说，以史为鉴该从哪儿开始？

我们还是通过《资治通鉴》记载的案例来探讨这个问题。

讲一个三国时期的故事。

三国时期，淮南地区是夹在曹魏和东吴之间的一块战略要地，号称"中州咽喉，江南屏障"。意思就是说，如果北方的曹魏控制住这块地方，就等于守住了生命线；而当东吴得到了这块地方，南方的安全就无忧了。当我们所讲的这个故事发生的时候，是由北方的曹魏占据着淮南的大部分地区，进可攻退可守，对东吴形成了压制态势；而东吴想要确保自身安全，势必要在淮南地区和曹魏拉锯，所以双方经常在这里发生中小规模的战役或摩擦。

公元228年，东吴为了彻底改变被动局面，统治者孙权决定重拳出击。孙权给鄱阳郡（在今天江西省东北部鄱阳县一带）太守周鲂下达命令，希望他利用一些手段，诱骗镇守在淮南的曹魏大将曹休，以便寻求夺取淮南的机会。周鲂思来想去，最终献了一条苦肉计，这个计划获得了孙权的认可。

接下来周鲂故意触犯法令，被孙权施以严惩。之后周鲂写信给曹魏大将曹休诈降，说自己已经受到严厉的责罚，害怕会被孙权杀害，打算献出城池，归降北方，请求曹休派兵接应。为了获取对方的信任，周鲂甚至割下自己的头发以表诚恳。古人说身体发肤受之父母，不能随意损伤，所以割下头发在中国古代是一件很严肃的事情，尤其对于有身份的贵族来说，周鲂试图以此来取信于曹休。

曹休把这件事奏报给了朝廷。曹魏这边对于这次突如其来的投降当然也有疑虑，但这毕竟牵扯到能否进一步扩大在淮南的优势，于是经过一番斟酌和讨论之后，最终还是决定让曹休率领十万人马，向皖城进发，准备接纳周鲂。与此同时，为了事情更有把握，当时曹魏的皇帝魏明帝还特意派遣司马懿和贾逵两人率军南下，和曹休打配合。

眼见引蛇出洞之计初见成效，曹魏开始有大动作，孙权也开始选调人马，准备下一步计划。当时，东吴方面挂帅的是大都督陆逊，这是三国时期最著名的儒将。陆逊手下还有两位将军，一位叫朱桓，另一位叫全琮，他们的人马加起来也有九万左右。随着双方不断向前线集结，曹魏和东吴在这里打响了一场重要的战役，历史上称为"石亭之战"。

身为东吴名将，朱桓在战争开始前发表了一番议论。他认为，曹休之所以被曹魏政权委以镇守淮南的重任，并不是因为他有智有勇，而是因为他是曹氏家族的核心成员，值得曹魏皇帝信任。若论智论勇，曹休其实都很一般，此番中计，战则必败。从地理形势来看，曹休战败以后最有可能的退军途径，是夹石和挂车两条道，这两处地形都是崎岖险隘，如果预先设下伏兵，等他撤退的时候前后夹击，即可生擒曹休，全歼曹军。

但这个方案被主帅陆逊否决了，最终东吴军队没有在夹石、挂车等处安排伏兵。随后双方在石亭激战，曹休被东吴军队击败。果然不出朱桓所料，曹休战败后选择了从夹石撤退。因为陆逊没有在此设伏，所以曹休虽然败了，却还能全身而退。

这样看来，从战术角度讲，如果听从朱桓的建议，岂不是能获得更大的胜利？陆逊身为三国最著名的战略家、军事家之一，是不是在这件事上失策了？论谋略还不如朱桓？我们先不急着下结论。

再看一段故事。

当曹休和陆逊对峙的时候，消息马上传到了四川，诸葛亮知道了。诸葛亮听说曹休被打败，并探得关中虚弱，打算马上安排一次北伐。诸葛亮一生多次北上讨伐曹魏，这也是其中一次。

《资治通鉴》载，诸葛亮在出行之前给蜀汉后主刘禅上了一道表章，就是著名的《后出师表》，其中有一句名言："汉贼不两立，王业不偏安。"就是说，要兴复汉室，光在四川是不行的，必须重新统一全国。但问题是我弱敌强。

蜀汉政权内部，也有人反对诸葛亮频繁北伐，劳民伤财。诸葛亮却自有道理，他说不伐贼，"王业亦亡，惟坐而待亡，孰与伐之？"这也是《后出师表》中的名言，简明扼要地概括了诸葛亮的整体战略。意思是说，坐等就能够等到汉室复兴吗？等到曹魏把北方逐渐搞定，把东吴灭掉，我们还不是坐等着他们来灭我们吗？这是所谓坐以待毙。与其坐着等死，不如积极行动起来，说不定尚有一线希望。

总结一下的话，诸葛亮的战略就是要折腾，不仅要折腾，而且要大折腾，这样才会有机会。后来有史学家考证，说《后出师表》是伪作，并不是真实的诸葛亮作品。我倒觉得即便是伪作，它对诸葛亮的战略思维把握得很准确，这番话的确能概括诸葛亮的指导思想。

诸葛亮这次北伐，从公元228年一直延续到公元230年。到230年（也就是魏明帝太和四年），诸葛亮不断骚扰北方的军事行动，把代表曹魏政权镇守关中的曹真给惹怒了。

曹真向曹魏朝廷请示："汉人数入寇，请由斜谷伐之。"他认为，蜀汉多少年来反反复复地侵扰边境，曹魏这边一直被动地防御，长此以往不是办法，不如主动出击，抑制诸葛亮北上。但曹真的策略受到曹魏中央一干元老重臣的反对。例如陈群、华歆、杨阜，还有王肃等人，都反对曹真主动出击。

陈群是辅佐过曹操的老臣，他就说，"论领兵打仗，曹真和太祖（也就是曹操）相比如何？当年太祖到汉中打张鲁，事先准备了非常多的粮草，可结果呢？战争刚打起来，粮食就不够用了。因为汉中地势险要，在这里作战，需要筹划的方面非常多——进退考量、护送粮草、守卫要冲、分配兵力，这些方面哪怕有一点做不到位，战争形势就可能瞬间变化，出现巨大反转。现在曹真要在没有任何准备的情况下轻易地向蜀汉发起挑战，他能胜任吗？"

但是曹真不听，还是强硬地调集军队，向斜谷进发，结果事情的走向非常有意思。诸葛亮打探到消息后，马上派遣两万人镇守汉中。而曹真方面的行军遭遇了巨大的困境，《资治通鉴》上说"会天大雨三十余日，栈道断绝"，因连日大雨导致道路断绝，"发已逾月而行裁半谷，治道功夫，战士悉作"，发兵一个多月，路程才走到一半，将士们面临的首要问题既不是行军，也不是打仗，而是要顶着大雨完成道路修治工作。

这时候又有人劝魏明帝下令，让曹真停止任性。

大臣王肃说:"我们的将士行走在深山巨谷之中,饿得面黄肌瘦,每天辛劳地开路。而蜀汉呢,他们的人马正在汉中的城池里以逸待劳。我们的将士辛苦了一个多月,他们的将士休整了一个多月。以辛劳疲惫的军队,去对战整装待发的敌人,这难道不是兵家之大忌吗?历史上那些会打仗的人都有一个共同特点,就是懂得顺应天意,比如太祖和文帝(指曹丕),二人都曾讨伐过孙权,但是到了长江边上都回来了,这才是聪明人的做法,因为他们懂得知难而退,保全实力,我们还是赶快把曹真劝回来吧。"

最终,到了太和四年(230)九月,魏明帝接纳了这些重臣的意见,下令曹真立刻撤兵,停止伐蜀。

回顾总结一下,发生在公元228年的石亭战役,本来是曹魏、东吴双方为争夺淮南控制权而采取的行动,最终却演变成魏、蜀、吴三方博弈。

分析这个案例中魏、蜀、吴三方不同的战略安排,会发现什么?

东吴陆逊的战略是要打,但不能打得太大,小打怡情。蜀汉诸葛亮则要大打出手。曹魏重臣的一致意见是千万别打。三方战略完全不一样,有积极,有消极,有折中。

问题来了,如果讲以史为鉴,看到这段历史,究竟应该以谁为鉴,学习蜀汉的积极,还是学习曹魏的消极,还是学习东吴的折中?

先来分析一下三方策略为何不同。

诸葛亮之所以采取这么积极的策略,恰恰是因为蜀汉在三个政权当中最弱小。正因为弱小,所以不能坐以待毙。积极行动起来,说不定还能抓到机会;弱小而又消极,那只能死路一条。

那陆逊为什么要小打不要大打呢?为什么不在夹石设伏?真是他眼光还不如朱桓吗?当然不是!

陆逊是帅,必须综观全局。如果在夹石设伏,曹军必遭全歼,曹休或战死或被生擒。如果出现这种情况,接下来会发生什么?

首先,曹休是曹操的堂弟,在曹魏政权中是什么身份,什么地位？其次，曹休统领的是曹魏政权震慑东南的重兵。如果这支军队被全歼，而曹休又战殁或被生擒，那曹魏不全面报复的话，不仅仅是面子上挂不住的问题，也切实关乎其国防安危。所以接下来必然是曹魏大军倾巢南下，全面对付东吴，本来争夺淮南的局部战争就会演变成魏、吴相互吞灭的全面战争，这样的话东吴扛得住吗？

故而在陆逊看来，最好的策略是，跟曹魏之间要有斗争、有拉锯，争取前线的有利地形，但对于胜利要适可而止，以防爆发东吴没有能力应付的全面战争。

这样分析的话，陆逊这个人确实厉害，战略上收放自如，分寸拿捏恰到好处，所以他能做帅。朱桓只看到眼前利益，没看到这眼前之利有可能迅速转化为不利，所以他只能做将。陆逊的决策和东吴的实力也是相对应的。东吴有一定实力，所以能打；但尚不具备全面控局的实力，所以又不能撒开手来打，必须见好就收。

最后分析曹魏重臣们为什么力主不要打？

恰恰是因为曹魏的实力最强。通俗地讲,曹魏底子最好,耗都能把另外两方耗死,这是既能拖垮敌人,对自己又最安全的方法。要是出兵征战的话,战场上拼的是临机对决,靠的是智商和勇气,和政权整体实力的关联较小。实力强的一方,并没有必胜的把握。一旦被弱小的一方打败,会产生一系列后遗症,反而不合算。所以曹魏这一方最保守。

保守并不是虚弱,恰恰是因为有实力、有底气,可以探求己方损失最小的方案。像蜀汉那样,就根本没有保守的资格了。透过这样的分析,我们总结比较一下,三方态度和三方实力呈现什么关系?很明显,呈反比例关系。实力越强,安静是最优方案。实力越弱,越是要折腾。

回到之前的问题,以史为鉴的第一步是什么?上文三方争雄的案例给我们一个提示,很多时候我们并不能简单地看方案本身,而是要分析这个方案是在什么状态下给出的。

以史为鉴,不能盲目地照搬某一方的态度、策略,而是应该先剖析自身的状态,跟三方中的哪一方更接近,然后再选择相应的史实来做借鉴。我们把以史为鉴的问题暂时简化为：上述三方你应该更关注谁，选择向谁学习？简化之后，答案就变得很清晰了。应该学谁，第一步是得知道自己是谁，自己处在什么状态。

哲学上有所谓三个终极问题：我是谁？我从哪里来？我要到哪里去？

现在我也问你三个问题：你是谁？你从哪里来？你要到哪里去？

以史为鉴，最终要解决什么问题？以史为鉴是要让自己的行动更合理，帮助自己做出更好的人生规划。也就是说，就目的而言，以史为鉴是要解决三个问题中的"到哪里去"，以及怎么去的问题。但是仅仅有一个要到哪里去的意识，而不知道自己是谁行吗？最后，我们发现，所有的问题，源头都在"我（你）是谁"这一点上。你是谁，决定了你应该采用什么样的方案，什么样的工具，这是紧密相连的。如果我们不明白自己是谁，不明白自己从哪里来，也就意味着根本不知道自己处在怎样的环境当中。那还怎么寻找解决问题的方案呢？我们连问题在哪儿都还不清晰。

这样一分析，结论就出来了。

以史为鉴的第一步，一定是先解剖自己。同一个方案，在不同人身上有不同效果。同一个人在不同情况下，可能需要不同的方案。

这么厚的一部《资治通鉴》，说要以史为鉴，离不开你对自己的了解，知道自己需要什么。离开最基本的自我剖析，自我了解，读再多历史也没有用。因为根本不知道什么才是最适合你的。

【七】
德不配位，是个大麻烦

/西晋初年杨骏辅政失败的故事/

人都想往高处走。对于什么是"高处",多数人会以外在标准来定义,比如获得更高的职位、挣更多的钱,等等。

《周易》里有句话:"德薄而位尊,智小而谋大,力小而任重,鲜不及矣。"这句话其实是在提醒我们内在与外在的统一,每个人所处的位置,应该与自身的品德、能力相配。如果德性浅薄者处于高位,或者智商、能力平平却总想干大事,那一定会遭遇灾祸。

古人常用"德不配位"来形容内在品性与外部位置的不协调性。无论在生活中还是历史上,德不配位是常见现象,但多数人对它的危害性认识不够。

西晋时代有个人物叫杨骏，他的人生经历告诉我们，德不配位是一个多么恐怖的诅咒。

杨骏是晋武帝司马炎的岳父，皇后杨芷的父亲，身份比较特殊。晋武帝因为立太子的事，和朝中很多重臣都闹掰了。晋武帝的太子，也就是后来的晋惠帝，智力不高。绝大多数重臣都反对把皇位传给这个太子，要求晋武帝的弟弟齐王司马攸上位。司马攸在大臣中口碑很好。站在晋武帝的角度看，儿子毕竟是亲生的，再傻也比弟弟强，所以坚决不同意。

在和大臣们闹掰之后，晋武帝开始重用杨骏，觉得杨骏是自己人，可以信任。但杨骏个人的能力和威望，其实远远不足以担当大任。这已经是德不配位了。更糟糕的是，杨骏还是个权力欲很强的人，得势后提拔两个弟弟和其他亲戚，排斥有能力、有威望的大臣。这些表现一定会招来大臣们的不满。

太康十年（289），晋武帝病入膏肓。作为最接近权力中心的人，杨骏知道只要晋武帝一死，政局必然发生变化，同时也是自己染指更大权力的好机会。

当时，杨骏以外戚的身份担任要务。与之相对，晋武帝的叔叔，汝南王司马亮则代表皇室宗亲身居要职。如果杨骏想独掌大权，必须处理司马亮。为了达到这个目的，杨骏自作聪明地做了很多安排，首先他对司马亮明升暗降，想把他调到地方；接着，杨骏考虑到朝廷上还有一些难以驾驭的大臣，也得想办法除掉，比如卫瓘。卫瓘曾辅佐晋武帝司马炎的父亲司马昭平定蜀汉，在西晋功臣集团内位高勋重。杨骏知道，这些老资格人物不会轻易听指挥，于是开始动用政治手段，试图搞掉卫瓘父子，最终卫瓘以交出政治权力为代价，保住了性命。

杨骏这样露骨且过火的人事调动不仅被大大小小的官员看在眼里，就连病入膏肓的晋武帝都有所察觉。晋武帝在病榻上左瞧右看，发现身边脸熟的只有一个岳父杨骏。晋武帝明白，当自己还能掌控局面的时候，杨骏可以作为爪牙使用；现在时日无多，杨骏的能力是不足以托付后事的。

杨骏操纵司马亮调动的命令已经下达，但还在走流程，司马亮尚未离开都城。晋武帝就下诏，让司马亮留下来和杨骏一起辅政，试图用这样的方式限制杨骏的权力，确保皇权能够顺利交接。

结果杨骏又做了一件令人瞠目的事情，他跑到起草诏书的官员那里，借来诏书观看，发觉皇帝有意针对自己之后，居然把诏书藏了起来。负责起草诏书的官员名字叫华廙，出身世家大族，政治经验比较丰富。他感到非常恐惧，他知道杨骏这么做是想等晋武帝死后翻天。但无论他怎么向杨骏索要诏书，杨骏就是厚着脸皮不还。

恰好此时晋武帝再次陷入半昏迷状态，杨骏利用女儿杨皇后诓骗他，含含糊糊地上奏说请父亲杨骏辅政，晋武帝在神志不清的状态下微微点了点头。于是杨骏父女就对外宣称晋武帝同意由杨骏单独辅政。接着杨皇后逼迫华廙重新起草诏书，任命杨骏为太尉、太子太傅，掌管军国大事。

诏书拟好之后，杨皇后当着华廙等大臣的面把它呈给晋武帝。《资治通鉴》说"帝视而无言"。晋武帝视而无言，完全是因为神志不清楚，却被杨骏父女解释为同意这项安排。

几日后，晋武帝驾崩了。随后太子司马衷即位，杨皇后升为太后。晋武帝死后，杨骏呈现出一种非常纠结的状态，一方面他对即将独掌朝政的局面感到欣喜；另一方面，他又深知自己是通过非法手段得到了这一切，因此格外紧张。一个明显的表现是，司马炎去世以后，六宫嫔妃以及朝中重臣都要参加葬礼，但杨骏不仅不敢公开出席仪式，还时时以御林军自卫。

杨骏当然知道自己不得人心的处境。《资治通鉴》交代完司马炎的葬礼，写了下面这段话："杨骏自知素无美望，欲依魏明帝即位故事，普进封爵以求媚于众。"说杨骏非常清楚自己向来没有好的名声和威望，可是他又不想离开权力中心，为了改善众人对他的印象，他想出一个主意，大肆进封爵位，用收买、笼络的方式博取众大臣的欢心。可这样做有另外一个问题，当时有位叫傅祗的官员写信给杨骏说："未有帝王始崩，臣下论功者也。"古往今来，哪有帝王刚刚驾崩，群臣就讨论赏功的事？这是在庆祝皇帝去世吗？

然而，面对如此犀利的质疑，杨骏依然我行我素。

晋武帝入土五天之后，晋惠帝按照杨骏的意思下达诏书，给所有大臣加爵一等，参加丧事的大臣加两等。从这个安排就可以看出来，杨骏在政治上极其幼稚。以石崇为代表的一众大臣就质疑了这次赏赐的合理性，大臣们居然可以凭借参加皇帝葬礼而升级，那不得天天盼着死皇帝？再说了，当年晋武帝消灭东吴、统一全国的时候，有战功的大臣们得到的晋级赏赐也不过如此。杨骏这么做岂不是赏罚严重失衡？而且这样大范围的赏赐，等到几代之后，恐怕天下无人不是公侯了。

虽然杨骏的本意是通过封赏拉拢人心，但在有识之士看来，这样的行为恰恰暴露了他的无知、无能和愚蠢、贪婪，让他更失人心。

紧接着，《资治通鉴》介绍了四个人对杨骏的态度，他们有着不同的身份和职责，但对杨骏的态度却比较一致，对杨骏是否能承担起重任深表疑虑。

第一位叫傅咸，是一位很成熟、很有人望的政治家，供职于朝廷核心决策部门。

晋武帝死后，傅咸对杨骏说："今圣上谦冲，委政于公，而天下不以为善，惧明公未易当也。"这话讲得非常直接，他说皇帝把重任委托给您，但天下人都觉得您很难肩负起这份责任。傅咸接着说，我劝您等武帝的陵墓修好以后，好好思索一下进退适宜的方案吧。傅咸的提醒，是希望杨骏回到和自身品行相配的位置上，不要勉强承担能力以外的责任。应该说傅咸这番话是善意的，但在杨骏听来却非常刺耳，对傅咸非常厌恶。

第二位出场的是地方官，冯翊太守孙楚。

孙楚是这么劝杨骏的："公以外戚居伊霍之任，当以至公、诚信、谦顺处之。今宗室强盛，而公不与共参万机，内怀猜忌，外树私昵，祸至无日矣！"

这段话分两层意思，第一，杨骏身居非常敏感的要位，应该表现出"至公、诚信、谦顺"的姿态，但杨骏不仅高调不逊，还用人唯亲；第二，在当时的政局中，司马家族的宗亲贵族仍然占据着很重要的位置，杨骏作为外戚，不仅不和他们共商国是，反而打压他们，这势必会引起双方的冲突。所以孙楚断言，杨骏

"祸至无日矣"，灾难很快就会到来。

第三位是杨骏的表兄弟，名叫蒯钦。

虽然是亲戚，《资治通鉴》说他"数以直言犯骏，他人皆为之惧"，多次直言冒犯杨骏，以致身边的人都替他担心。不过蒯钦自有道理，他说："杨文长虽暗，犹知人之无罪不可妄杀。不过疏我，我得疏，乃可以免；不然，与之俱族矣。"蒯钦这么做是故意的，他知道杨骏虽然昏庸，但还没有到乱杀人的地步。蒯钦说，我惹怒他，是想让他疏远我；他这么下去必无善终，我被他疏远，尚可躲避祸端，否则的话，我就要和他一起被族灭了。原来蒯钦耿直的表面之下隐藏着处世智慧。

最后一位出场的是匈奴贵族，汉文名字叫王彰。

杨骏为了拉拢匈奴势力，征召王彰进自己的幕僚班子，王彰却逃避不受。有人问王彰，这么好的机会，你怎么不好好把握？王彰说："自古一姓二后，未有不败。况杨太傅昵近小人，疏远君子，专权自恣，则无日矣。"这里交代一下，之前介绍的杨皇后杨芷是晋武帝的第二任皇后，他的第一任皇后也姓杨，叫作杨艳，是杨芷的堂姐，杨氏家族因此显赫。盛极必衰是自然规律，更何况杨骏德不配位，王彰由此看到杨氏家族必然会走向衰败。所以他说，我躲还来不及呢，怎会接受杨骏的征召？

王彰虽然是匈奴人，但长期生活在中原，汉化很深，还准确地预测了后来历史的走向，他判断说："武帝不惟社稷大计，嗣子既不克负荷，受遗者复非其人，天下之乱，可立待也。"意思是，晋武帝不是一个深谋远虑的人，选了不堪大任的太子继位，又委托没有能力的人做顾命大臣，天下大乱，指日可待。果不其然，后来爆发了历史上著名的"八王之乱"，这次大乱与晋惠帝智力不足、杨骏无德无能有着直接联系。

《资治通鉴》讲故事很有条理，通过这番讲述，其实是告诉读者，当时朝中大臣、地方官员、杨骏亲人、外族势力都已经预见到杨骏的败亡，他们分别从不同角度表达了对杨骏德行的疑虑，和对历史走向的不乐观。

那么，直接向杨骏发起挑战，要他下台的，又是哪支力量呢？是晋惠帝的皇后贾南风。

晋惠帝司马衷的智力根本没办法处理政务。杨骏是名义上的托孤大臣，同时又是杨太后的父亲，这成为他掌权的两大理由。但这两点其实都站不住脚。

所谓托孤大臣，是篡改了晋武帝的本意，这一点群臣都知晓，并抱有不满。至于第二点，晋惠帝司马衷是晋武帝和第一任皇后杨艳的儿子，和现在的杨太后杨芷没有直接血缘关系。皇后贾南风不仅本人是政治女强人，她父亲贾充还是辅佐司马氏夺取皇权的第一功臣。贾南风十五岁就嫁给司马衷，司马衷即位的时候，她已经三十四岁。亲密不过夫妻，在她看来，丈夫不能行使皇权的时候，她这个皇后才是最有资格的皇权代理人。一贯雷厉风行的贾南风敢想敢做，立马联络楚王司马玮，让他带兵进京，准备扳倒杨骏。

贾南风和司马玮操纵晋惠帝下诏书，指责杨骏有谋反之心。当杨骏得知处境不妙之后，他的无能无知再一次体现出来。

有人给他提了非常明确的反击建议，说现在情况很明确，一定是贾后在攻击我们，我们先放火烧了宫门，向他们示威，让他们交出首恶分子，再领兵进宫。您亲自带着皇太子（晋惠帝的儿子司马遹，司马遹不是贾氏所生，所以可以借助他来压制贾氏），入宫索取奸人，这样宫廷之内将会产生震动，必然有明白形势的人斩杀奸人，送出首级，我们才能免于遭难。

结果杨骏却始终犹豫不决，你死我活的政治斗争已然火烧眉毛，岂容半点犹豫，可见平日嚣张跋扈的杨骏，关键时刻是个毫无见识的庸人。正当杨骏举棋未定之际，贾南风、司马玮迅速展开行动，派兵包围了杨骏的府邸，将相关人员悉数捉拿。

结果可想而知，不仅杨骏被杀，整个杨氏家族也遭夷灭的厄运。说句题外话，历史上对贾南风颇有非议，但实际上相比于杨骏，贾南风明显更有政治智慧，也更有能力。从后面的历史走向看，贾南风掌权时期，恰恰是西晋政局比较稳定的阶段。史书上很多对她的负面评价值得再讨论。

我们回到"德不配位，必有灾殃"这句老话。"德"是一个高度抽象的概念，在这里它的内涵很丰富，不仅仅指道德，也指能力、人望。如果你因某种机缘到达了某个高位，得到了权势，明知这和自己的能力、资格不相配，那就不应该为额外的收获庆幸，而是应该感到危机和担忧。总有一天，你无法驾驭相应局面的本质会暴露，他人也会认清。这样一来，你必然会成为众矢之的，成为他人心目中取而代之的对象。杨骏的故事讲的就是这个道理。

一个更重要的问题是，如何意识到自己正处在"德不配位"的处境，如果已经如此，又该如何摆脱。

人在理性的时候，对于能否驾驭自己的岗位，应该是清楚的。令人迷乱的是欲望，所谓利令智昏。杨骏败得很彻底，他对自己的无能真的毫无认识吗？不，他其实是清楚的，否则不会想尽手段去拉拢人心。但独掌大权的诱惑实在难以抗拒，即便自知能力有限，又有那么多人劝他后退一步，他都执拗地拒绝了。祸败的根源就在于杨骏对权力的欲望过于强烈，使得理智毫无用武之地。

杨骏的故事告诉我们，试图把控一个自己能力根本驾驭不了的局面，其结果有多么可怕。所以，一定要避免跌入"德不配位"的陷阱。

至于该如何做，我想，首先要有一颗畏惧之心。"位"固然可贵，值得留恋，既然无"德"相配，还是不居为佳，不妨时时刻刻保持谦虚的心态，认真反省自己的"德"和"位"配不配。发现不配的时候，不一定要辞位，但一定要进德。其次，就是要降低欲望值，不要对权钱地位有过分的追逐，以防脱轨。

【八】
功成不居的智慧

/ 王晞与侯安都的比较 /

在工作中我们总会取得一些值得他人称扬的成就,应该如何面对这些曾取得的成绩,是不停地提起它,炫耀它,甚至躺平在功劳簿上?还是把它搁置一边,并不过分以此为荣?

南北朝时期侯安都和王晞两人的对比,或许可以给我们一些启示。

公元559年，南方陈朝开国皇帝陈霸先病逝，陈朝的政局瞬间陷入一片迷雾之中。

一方面，陈霸先仅存的儿子陈昌被北方的北周政权扣留在长安作人质。另一方面，强敌压境，老将都领兵在外，朝中没有压得住的人物。这种情况下，一些大臣就商议，先请陈霸先的侄子临川王陈蒨回朝。在返回首都建康（今江苏南京）的途中，陈蒨一行遇到陈霸先生前好友，同时也是陈霸先麾下最重要的将领之一侯安都，二人便结伴而行，一同返回。

回到建康以后，侯安都极力主张由陈蒨继承皇位。可是，陈霸先的遗孀章皇后以儿子陈昌仍在人世为由，坚决不肯立陈蒨为国君。百官见太后态度如此强硬，皆"犹豫不能决"。

这时，侯安都展现出远超常人的魄力，《资治通鉴》记载说，侯安都正色厉声："今四方未定，何暇及远！临川王有大功于天下，须共立之。今日之事，后应者斩！"他说现在天下未定，哪有时间远到长安去把陈昌迎回来做皇帝。临川王（也就是陈蒨）为社稷立有大功，紧迫之际，是皇位最佳候选人，今天立君的事情必须定下来，百官中哪个不同意，耽误国事，就该当场处决！

这话说得多有气势！说完之后，侯安都又"按剑上殿"，请章皇后交出玉玺，随后又把陈蒨请到皇太子该站立的位置，请他主持陈霸先的丧礼。这等于是发动了一场政变。章皇后虽然有一万个不愿意，但面对咄咄逼人的侯安都和他身后的军事实力，终归是没有任何办法，最终被迫下令，立陈蒨为皇位继承人。

为回报侯安都的推举之功，陈蒨即位之后任命侯安都为司空，大大提高其政治地位。但是还没等陈蒨的皇位坐稳，新的危机突然降临。

北周的统治者非常狡猾。早先，陈霸先曾多次请求赎回被他们扣押的儿子陈昌，均无果。可当听说陈蒨即位之后，北周立马放陈昌回来。这无疑是想趁机扰乱陈朝内政。

在少不更事的陈昌看来，自己是陈朝开国皇帝陈霸先唯一的儿子，是皇位最合法的继承人，堂兄陈蒨凭什么抢自己的位置？于是还没回到陈朝，陈昌就在路上给陈蒨写了一封信，言辞激烈，要求陈蒨让位。

从现实层面讲,陈蒨已经是皇帝了,当他读罢陈昌的信以后,极为不悦,于是召来侯安都,说道:"太子将至,须别求一藩为归老之地。"表面是说,陈昌要回来了,我还是给他让个位吧。

侯安都当然明白陈蒨并非真的想要让出皇位,而是要寻求解决方案,于是顺着陈蒨的话往下说:"臣愚,不敢奉诏。"我虽愚笨,但是断不敢接受您让出皇位的诏命。那怎么办呢?侯安都提出,由他去"迎接"陈昌回朝。陈昌乘船沿长江顺流而下,行至中流,碰到了由侯安都率领的"迎接"队伍。不久,陈昌所乘船只发生"意外"沉入江底,陈昌也溺水而亡。

侯安都回朝后再次受到陈蒨的封赏。

站在侯安都的角度看,先是力保陈蒨登上大位,又帮助陈蒨杀掉了头号政敌陈昌;除此之外,侯安都在战场还另有战功,这些都可谓功勋卓著。但侯安都忘了古人有"功高震主"之说。古代有智慧的大臣,往往会在这个关口转而低调,以免引起其他大臣的不满和皇帝的猜忌。侯安都读书少,没文化,没有这种意识。接下来的他，恃功骄横，不遵法度，身边聚集了一众宾客部将。陈蒨把侯安都势力日益庞大这事看在眼里，两人之间的关系也变得愈发微妙。

一段对话成为陈蒨与侯安都关系转折点的导火索。

在一次宴会上，侯安都神色骄傲地问陈蒨，"何如作临川王时？"临川王是陈蒨即位之前的封号。侯安都问陈蒨，做皇帝和做临川王相比，哪个感觉更好啊？傻子都明白，当然是做皇帝感觉更好。侯安都问这个问题的真正用意，是提醒陈蒨不要忘记，如果没有他全力相助，陈蒨现在最多只是个临川王，根本不可能成为皇帝。

陈蒨当然明白侯安都的用意，所以一开始的时候没有回答。但侯安都不依不饶，再三追问，最后陈蒨只好不情愿地说出了侯安都想听的话：没有你，我哪有今天！侯安都听完还不罢休，趁机索要皇帝专用的帷帐，想拿给自己的妻妾们炫耀一番。陈蒨表面上允诺，内心已经对侯安都的狂妄极度不满。

接下来，侯安都目无尊上的行为愈发过火。恰逢此时皇宫着火，侯安都在未事先禀报的情况下，率领全副武装的将士闯进了宫殿，虽说是为了抢险救灾，但这一行为很自然地给陈蒨带来了切身的不安全感，《资治通鉴》用四个字直白地描述了陈蒨的感受："上甚恶之。"

这一年五月，陈蒨设计召侯安都入宫，同时将侯安都麾下猛将聚集在他处，以谋反为由将其收捕，随后不由分说，将其处以死刑。侯安都时年仅四十四岁，距离他拥立陈蒨即位不过四年。

与侯安都的居功自傲相比，北齐大臣王晞功成不居的个性就显得更具有人生智慧。

王晞是常山王高演的幕僚兼好友，两人私交甚深。而常山王高演又是北齐皇帝高洋的亲弟弟。当时高洋纵酒伤身，情绪很不稳定，经常做出一些匪夷所思、暴虐无礼的事情。比如，高洋曾经怀疑他的爱妾与他人有染，就趁着酒意杀了她，然后带着她的尸骨参加宴会。酒过三巡之后，高洋当着所有人的面肢解了爱妾的尸骨，在座之人无不丧胆。

高演当然不能眼睁睁地看着哥哥如此堕落下去，一而再、再而三地劝谏。王晞劝他说，你不要再上谏言了，皇帝秉性如此，再这么下去你肯定会惹火上身的。高演并没有听从。很快，王晞的预言变成了现实。高演的劝谏彻底惹怒了高洋，高洋命人用利刃顶着高演的肋骨，差一点就杀了他。

这件事之后，疑心颇重的高洋认为弟弟之所以屡次三番劝谏自己，一定是暗中有人给他出主意，这个人就是王晞，于是高洋决定杀掉王晞。

高演得知哥哥的想法后，为了保全王晞，施了个苦肉计，故意找了个茬，当众打了王晞二十大杖。这番苦肉计颇见成效，高洋见弟弟和王晞间的关系并不如他想象中那么好，也就放弃了杀王晞的念头，只是把他罚去做三年苦役。

三年之后，高演又因为劝谏的事情惹得高洋大怒，被痛打了一顿，高演因此心生愤懑，闭口绝食。他们的母亲娄太后得知以后就对高洋埋怨不已，哭着骂道："你怎么能这么对你的弟弟，假如他真的饿死了，我也不活了！"高洋对母亲还是忌惮的，为了哄弟弟好好吃饭，就把王晞放了回来。

王晞见到高演之后，两人抱头痛哭。在王晞的劝说之下，高演才开始进食，王晞也重新成为高演的幕僚。在当时那种朝不保夕、紧张无比的政治环境中，王晞和高演两人彼此支持，互相拯救，其情感一定是非常深厚真挚的。

公元559年，高洋去世，太子高殷即位。早在高洋在位期间，高演就是北齐政治舞台上的核心人物，侄子高殷即位以后，高演更是被推到太师、宰相的崇高位置上。对于高殷来说，这样一位有权势、有人望的叔叔更像是一颗威胁自己皇位的定时炸弹，于是在高殷心腹杨愔的操作下，高演被迫解职赋闲，无法再过问政务。

面对政治打击，高演倒是心态平和，他对王晞说："哥哥性情乖张，他在位的时候，群臣人人自危。如今新皇帝即位，不管怎样，性格上倒是比他爸仁厚多了，我辈也可以悠然自乐。不问政就不问政吧！"

王晞却提出了反对意见，他说："圣上年轻没有经验，会对烦琐的政务产生应接不暇之感，您作为皇帝的叔叔，本应该陪伴他、辅佐他。现在您远离宫廷，不问政务，长久以后，朝政大权必定归属他人。到那时，江山社稷不稳，您就算想过清闲日子也不可能了。"高演反问："那你说我该怎么办？"王晞早有答案："您应该清除皇帝身边那些试图掌权的人，亲自辅政。"高演默然。

那么，王晞的分析有没有道理呢？就在王晞劝说高演重返政坛的同时，高殷身边的心腹也在想办法让高演等人彻底退出政治舞台，把权力收拢到小皇帝手中。

《资治通鉴》记叙了双方矛盾爆发的导火索：晋阳留守大臣问题。

晋阳，也就是今天的太原，是连接中原农耕地区与草原游牧区的重要城市，也是北齐皇室的发迹之地。所以在北齐时代，晋阳的重要性并不亚于首都邺城（今河北临漳一带），理应有一位宗室重臣驻守。

根据群臣计议，留守人选要么是高演，要么是高殷的另一位叔叔长广王高湛。但是，高殷对两位叔叔都不信任，认为他们一旦掌控晋阳，就有可能以晋阳为据点抗拒中央。于是高殷将二人一齐带到邺城，放在自己眼皮底下。这个安排引发了舆情："外朝闻之，莫不骇愕。"这表明一些政治嗅觉比较强的大臣已经感觉到，小皇帝高殷对以高演为首的宗亲有了很深的警惕心，二者的激烈冲突似乎在所难免。

紧接着《资治通鉴》引出了一位姓可朱浑的大臣，他有两层身份，政治上，他担任领军大将军，掌军权；姻亲上，他是高殷的姑父，娶高殷姑姑东平公主为妻，是高殷很倚重的一位心腹。他常常把一句话挂在嘴边："若不诛二王，少主无自安之理。"二王，指的就是常山王高演和长广王高湛。

从这些内容可以看出，王晞对局势的把握非常准确，早就预料到小皇帝和高演是无法共存的，这种局势下，高演步步后退无异于自愿求死。好在高演把王晞的话听进去了，在一番准备之后，高演联合高湛先下手为强，借一次酒席发动宫廷政变，把小皇帝身边最重要的大臣杨愔、可朱浑等人拿下并处死。

高演的做法其实非常冒险。政变发生之后，小皇帝震惊之余非常愤怒，完全有反击的机会。但最终，高演因为获得母亲娄太后的支持，在这一局中胜出。娄太后在政治事务上有极大的权威，她决定在儿子和孙子之间支持儿子。

这次政变虽然杀死了小皇帝身边最重要的大臣，但高演和小皇帝本人的矛盾，其实并没有彻底解决。于是高演又找到王晞，向他请教。王晞胆子非常大，说了一番非常露骨的话。他说，您所杀杨愔等人虽然只是大臣，但人人都知道这是冲着皇帝去的，所作所为早已违背臣子之道，君臣之间的猜忌必然会进一步加深，最后一定会爆发剧烈冲突，现在唯一的解决方案是您尽早登上皇位。

此后，王晞又联络高演身边的其他智囊，携手劝谏高演。最终，高演在娄太后的支持下，迈出了篡位的一步，成功取代了侄子高殷，成为北齐的新主。

通观这段历史，可以看出，王晞对高演来说何等重要。在高演人生最关键的时候，总少不了王晞出谋划策，帮助他渡过难关。那么高演即位之后，王晞表现如何呢？

《资治通鉴》记叙了高演即位以后对王晞说的一段话："卿何为自同外客，略不可见？"意思是说，自从我当上国君以后，你怎么变得像个外人一样，几乎不来见我呢？可见王晞在帮助高演完成大业之后，不仅没有趁机向高演索要权位和奖赏，反而保持着非常平淡的态度，甚至有疏远权力的意识，以至于皇帝都感到奇怪，要亲自找他谈话。后来高演想要任命王晞为侍中（这是一种可以接近皇帝的重要身份），王晞极力推辞，不愿接受。有人就劝他说，皇帝这么看重你，你怎么还不识抬举呢？

王晞的回答非常耐人寻味："我少年以来，阅要人多矣，得志少时，鲜不颠覆。"

王晞出身官宦世家，往上数三代，从曾祖父到父亲，都是朝廷重臣，他的哥哥也在北齐担任重要官职。王晞本人在很年轻的时候就得到过高欢（高演的父亲）和高澄（高演的长兄）的赏识，所以他说，我自少年以来，见过很多很多位高权重之人，他们得志的时间往往没多长，结局却很惨淡，有不少人牵累整个家族覆灭。

王晞接着又说道:"人主恩私,何由可保!万一披猖,求退无地。非不好作要官,但思之烂熟耳。"皇帝的恩宠能保持多久?我们做臣子的说了不算啊!万一失宠,皇帝讨厌甚至猜忌你了,到那时再找退路可就来不及了。我难道不喜欢高官显爵吗?不是的。只不过把可能的结局考虑透彻之后,我认为还是低调谦让比较好。

《老子》(《道德经》)是一部充满了智者洞察力的书,和《资治通鉴》配合着读,效果非常好。

《老子》说:"功成而弗居。夫唯弗居,是以不去。"结合王晞的案例来理解,一个有智慧的人建立了大功勋,一定不会躺在这个功勋上,这就是"功成而弗居"。

为什么呢?因为凡事利弊相生,有利必有弊。

时时宣扬自己的功劳,可以借此获得很多利益,但也会招来人们的嫉恨。而且这些嫉恨是多方位的,它可能来自上级,也可能来自同级或下属。这些嫉恨一旦形成合力,那个宣扬功劳的人就会处于漩涡中心，被巨大的外力吞噬。如果换一种人生态度，就像王晞那样，不提自己的功劳，别人也就没有机会嫉恨他。虽然没能趁机捞取好处，但他始终在那儿，没有被愤怒和仇恨吞噬，这就叫"夫唯弗居，是以不去"。

回到侯安都的案例。侯安都的功劳不够大吗？不是。甚至可以说，对于陈蒨这个皇帝来说，无人能比侯安都更重要。可侯安都恰恰因为躺在功勋上作威作福而被处死。从辅佐效果的角度讲，王晞之于高演，恰如侯安都之于陈蒨，不同的是，王晞深明"功成弗居"的道理。

功劳不具备延续性，过去取得的成就、做出的奉献令他人很满意，并不意味着他人会永远对你的功劳感激不尽。或许就在下一个瞬间，某一个矛盾，某一次摩擦，让你过去所做的一切回归为零。更重要的是，当你过分强调所取得的那些功劳时，你的功劳就不再是令他人感激、尊重的内容，轻则让他人感受到亏欠你的负担，重则成为他人厌恶你的根源。

所以，不要太在意自己曾经的功劳，正如《老子》所说，只有不在意,你的功劳才不会被泯灭。这么看,所谓功成不居,不仅仅是一种超然豁达的人生态度,也是一种自我保护的处世智慧。

【九】
"关系"的利与弊

/ 斛律金的处世态度 /

中国人最讲究"关系",有了关系好办事。

这一点曾深深震撼来华投资的外企,逼得他们也不得不认真研究中国式relationship。但当我们仔细盘点生活、回顾历史的时候,会发现,已经有太多事实告诉我们,过度依赖"关系"是一件非常危险的事。

极端的时候,"关系"可以带来你想要的一切,也可以随时带走你拥有的一切。

北齐有一位政治生命极长，地位非常重要的大臣，名字叫作斛律金。

斛律氏是兴起于草原的军事贵族，其命运和北齐皇族高氏紧紧地捆绑在一起。捆绑得多紧密呢？斛律金有三个孙子娶了公主；两个孙女先后被纳为太子妃，其中一位后来被册立为皇后。这关系够硬了吧？

然而，斛律金并不以此为喜。他曾经对儿子斛律光说："我虽然武将出身，没读过书，但知道历史上的外戚家族很少有不出事的。别以为女儿进宫，成了皇后、成了太子妃，就可以富贵长享了。这事可没这么简单，如果女儿得宠，必然遭到其他贵族的嫉妒；如果女儿不得宠，又遭皇帝嫌弃。无论怎样都有危险！"这是斛律金对"关系"问题的深刻反省。

和皇家关系紧密，是好事还是坏事？客观地说，好坏都在其中。然而在斛律金看来，却是出现负面效应的可能性远远大于正面。那不靠关系靠什么呢？斛律金在这段话后面又补充了一句："我家直以勋劳致富贵，何必藉女宠也！"意思是说，我们家族有今日之富贵，是在战场上拼出来的，凭的是能力，何必倚仗与皇家的姻亲关系维护门第呢？简单总结斛律金的核心观点：能靠能力的，就不要靠关系。

一定会有人不认同斛律金的看法。能力固然重要，能力加关系的组合，不是更好吗？宋末元初有一位研究《资治通鉴》的大家名叫胡三省，他在读到斛律金这段话的时候，特别点评说：斛律金这个观点特别有见识。胡三省之所以这么感慨，是因为在斛律金去世后，和皇家的亲密关系的确给斛律氏家族带来了很大的麻烦，斛律金发表那番谈话似乎有先见之明。

论能力，无论在政治上还是军事上，斛律金都非常有作为，立过很多功勋，斛律氏家族之所以能在政坛崛起，最初并不是靠裙带关系。恰恰相反，正是因为斛律金功劳大，他的孙子、孙女才有机会和皇家结亲。

早年艰难困苦的奋斗经历，使得斛律金比一般人更具有洞察力，更能看透生活和命运的本质。他对于"关系"这番不同寻常的评论，到底有道理在哪里？胡三省为什么如此赞赏他的观点?"关系"最终给斛律氏家族带来了什么?让我们一起来看看斛律氏家族在北齐的兴衰起落。

斛律金是北齐政权奠基人高欢身边最重要的将领之一,在高欢最困难的时候,斛律金曾给予他最坚定的支持。高欢做出人生中最重要的决定,是在北魏末年选择了与权臣家族尔朱氏分道扬镳。

公元6世纪前期,北魏政权在各路起义的打击下,已如风中残烛。活跃于山西一带的少数民族尔朱氏在乱世中抓住了机会,倚仗着强大的部落军事力量,逐步攫取了军政大权。带领尔朱氏走上历史巅峰时刻的是尔朱荣。但尔朱荣的统治手段过于残忍,他为了控制北魏朝政,发动了骇人听闻的"河阴之变",一日之内屠杀北魏朝官三千余人。

尔朱荣死后,他的侄子尔朱兆等人掌控军队,更加残暴不法。高欢原本以为尔朱荣是个大英雄,投靠他之后可以创建一番事业。随着形势的发展,高欢逐步看清楚尔朱氏的面目,认为他们不足以成大事,于是毅然与尔朱氏决裂。在尔朱荣死后,高欢向尔朱兆发起了挑战。当高欢做出这个决定的时候，斛律金是他坚定的支持者。

由于实力对比上，尔朱兆远远强于高欢，所以斛律金如此明确地支持高欢，是需要极大勇气的。对于这一点，高欢当然也清楚，所以他对斛律金充满了感激和尊重，二人的关系也在对峙尔朱兆的过程中不断升温。之后高欢凭借着智慧和卓越的领导力，成功击败了尔朱氏。

在支持高欢这点上，我们可以看出，斛律金并不是单纯的武夫，他至少具有两种优秀的能力，一是判断是非的能力，二是选择共事者的能力。好的统治必须关注民生，依赖民心的拥护，而不是倚仗武力为所欲为，这是基本的是非题。所以斛律金没有支持实力更强的尔朱氏。在逐鹿中原的群雄中，他选择了高欢，事实证明高欢的确具有常人难以企及的眼光、志向和能力。斛律金做出选择的时候，高欢实力还相对弱小，说明斛律金对什么样的人能成大事、可以共事，有很强的预判能力。

后来北魏政权分裂成东魏、西魏两个部分，高欢以大丞相的身份控制着东魏政权，和西魏之间屡有冲突。在比较重要的沙苑之战、河阳之战、玉璧之战等几次战役中，都能看到斛律金的身影，可谓功勋卓著。我们在小学语文课本里学过一首《敕勒歌》："敕勒川，阴山下，天似穹庐，笼盖四野。天苍苍，野茫茫，风吹草低见牛羊。"这首古老的民歌，最早被史籍记载，正是斛律金受高欢的邀请而歌唱的，故事发生的背景是玉璧之战。

公元546年冬天，高欢率领大军和西魏争夺战略要地玉璧（在今天山西省南部的稷山县），战斗非常激烈。高欢苦攻五十余日，不仅毫无成果，还损伤了七万将士，死伤率约百分之五十左右。这对高欢来说是沉重的打击，在智、力俱困的情况下，高欢病倒了。西魏趁机传播谣言，说高欢其实已经被我们的弓箭手射死了，东魏将士闻讯一片哗然。

为了稳定军心，高欢抱病出现在东魏将士面前，这时候他的内心是凄凉的，紧紧陪伴在他身边的是斛律金。高欢请斛律金宏声歌唱了来自草原的《敕勒歌》，歌声苍劲慷慨，高欢情不自禁地和唱起来，在歌声中回顾自己坎坷而又不平凡的一生，唱着唱着不禁哀感流涕。一年之后，高欢就去世了。临终之前，高欢告诉自己的继承人，也是他的嫡长子高澄，斛律金是最值得信任的大将之一。

两年以后，高澄离奇被刺，高欢次子高洋继续执掌东魏朝政。无论是威望还是功绩，高洋都无法跟父亲、兄长相比，为了维持高氏家族对政权的掌控，高洋决定逼迫东魏皇帝禅位，建立高氏政权。

为了推进权力转移，高洋私下里征询斛律金的意见。斛律金一开始并不同意，因为这毕竟是篡位。但最终他想了想，如果因为高欢、高澄相继去世，而导致政权失控，关东地区再次陷入军阀混战状态，那老百姓又要吃苦了。这跟历史上曹操去世，威望不足的曹丕为了能掌控局面而篡位，道理是一样的。虽然对于曹丕、高洋来说，是夺权，但对于稳定天下、减少战乱是有利的。所以迫于形势，斛律金最终并没有反对这次禅让。高洋顺利登上皇位，建立了北齐政权。

高洋即位之后大力拉拢斛律金等元勋功臣，斛律金被封为郡王。有一次高洋亲自到斛律金府上探望，随行队伍很庞大，六宫妃嫔和王子们都来了，奏乐饮酒，一直到深夜。

当时斛律金的大儿子斛律光已经官高爵重，所以酒酣耳热之际，高洋叫来了斛律金的小儿子斛律羡，封其为武卫大将军。武卫大将军掌管禁军，负责保护皇宫，责任重大，一般都交由皇帝的心腹担任。这个任命可见高洋对斛律氏家族的信任。一通封赏之后，高洋意犹未尽，又向斛律金提亲，让斛律金的长孙娶公主为妻。大婚那天，皇太后亲自驾临，氛围极其祥和，斛律氏也因此更紧密地跟高氏绑定在了一起。

然而政局又发生了动荡。

高氏并不是汉人，他们和北魏皇族拓跋氏一样，是鲜卑人。鲜卑作为一个草原民族，入主中原之后面临的最大问题，是如何统治文化先进、经济发达的中原地区。最好的办法当然是汉化，学习汉人的文化和国家模式，所以在北魏孝文帝时代就进行了大刀阔斧的汉化改革。

但转型的过程很痛苦，改革一定触及贵族利益，所以直到北齐时代，这个转变还没有完成。其中很大的一个问题就是皇位如何传承。草原民族的习惯是倾向于兄终弟及，无论是之前的匈奴单于，还是之后的突厥可汗，都是死了之后把位置传给弟弟，这样能确保部落掌握在强壮的成年人手中，以此保证战斗力，鲜卑人跟他们也一样。

汉人的国家模式却不同，强调嫡长子继承，农耕定居国家强调权力传承的稳定性，治理上依靠官僚系统的专业技术职能。这是两种完全不同的理念和治理模式。鲜卑人，无论是北魏还是北齐，在统治中原的时候都体现出一种矛盾性，一方面，草原基因仍然深厚地左右着他们的思想和行动，另一方面又不得不努力向汉文化靠拢，所以在皇位传承上经常发生冲突。

高洋在位十年之后病逝，他学习汉人，将皇位传给了儿子高殷，并请一批汉人士大夫辅佐高殷。但带有顽强草原基因的游牧贵族们对汉人掌权非常不满，在高殷即位以后不到一年，他们就协助高洋的弟弟高演发动政变，杀害高殷身边的汉人士大夫，并最终夺得皇位。当时站在高演身边，助其发动政变的最有实力的人物正是斛律金。

高演即位以后再一次强化了和斛律氏的姻亲关系，他让自己的太子高百年迎娶斛律金的孙女做太子妃。就在推动与斛律家族再度联姻的同一年，高演去世了。高演死后，权力传承矛盾重现，皇位并没有顺利传到太子高百年手中，而是由高演的弟弟高湛继承。高湛如法炮制，为了巩固自己的皇位，又给太子高纬聘娶斛律金的另一位孙女。

公元567年，八十高龄的斛律金去世了。斛律金的两个儿子当中，斛律光继承了他的勇猛善战，斛律羡则继承了他的深谋远虑。

那么斛律金的顾虑有没有道理，和皇族走得近到底有没有坏处？

斛律金去世后，斛律光就成为这个家族的家长。从战场表现的角度看，斛律光没有辱没父亲的名声，成为北齐第二代名将中的佼佼者。另一方面，斛律光的女儿是当时北齐皇帝高纬的皇后。这两点决定了斛律光在北齐政坛是一个炙手可热的人物。

九、"关系"的利与弊　斛律金的处世态度

但这也决定了斛律光的敌人不仅仅在战场上。

高纬已经是北齐的第四任皇帝。前三任皇帝为了巩固自己的权位，都努力拉拢斛律氏父子。现在的斛律光不是单纯的名将，而是以皇后之父的身份手握重兵，这就决定了斛律光不仅是北齐最有权势的职业军人，也是皇帝最需要提防的对象。另一方面，前文提到的汉化与草原文化的矛盾依然没有解决，斛律金、斛律光父子都是草原传统的维护者，而皇帝高纬身边依旧聚集着一批推进汉化改革的士大夫。在汉人士大夫眼里，斛律光以后父之尊维护旧传统，当然是改革道路上的绊脚石。对于斛律光来说，这些来自北齐内部的敌意，甚至比战场上的敌人更危险。

当时的北方没有统一，早年东魏和西魏的抗衡，转变成为北齐和北周的抗衡。斛律光在与北周对抗的前线攻城拔寨，屡立奇功。北周君臣谈及斛律光时，都是一筹莫展。后来北周这边探知斛律光在北齐政权内部尴尬的政治地位，就放出一则谣言，这则政治谣言迅速变成北齐街头儿童传唱的歌谣："百升飞上天，明月照长安。"

什么意思呢？升和斛都是古代度量衡单位，一百升等于一斛；而明月则是斛律光的字。这句谣言就是暗指斛律光手握重兵，既有军功，又有威望和地位，迟早会篡夺北齐的皇位。童谣传唱久了之后，果然引起北齐皇帝的警惕和猜忌，最终利用斛律光入宫朝见的机会，阴谋将其处死。

由于数次与皇家联姻，斛律家族的势力已经十分庞大，为防止家族其他人物的反抗，势必要将其家族势力全部剿灭，才能让皇帝彻底放心。于是朝廷给斛律光安置了谋反的罪名，借机将其族人一网打尽。

斛律光的弟弟斛律羡也拥有郡王的爵位，在家族中的地位仅次于斛律光。斛律羡的处世思想和父亲斛律金非常相近，对"关系"有着同样透彻的看法。早在斛律家族权倾一时的鼎盛期，斛律羡就常常感到惶恐，多次想推脱高官厚禄，但都没有得到允许。直到斛律家族灭门的时候，他仿佛在和死去的父亲遥相呼应一样，痛心疾首地说了这样一番话："富贵如此，女为皇后，公主满家，常使三百兵，何得不败！"

斛律家族门风不可谓不好，上至斛律金，下至斛律光、斛律羡，都为人耿直朴实，又具有人生智慧。这样的功勋家族，即便有斛律金、斛律羡的谨小慎微，仍然摆脱不了灭门的厄运。这是什么造成的呢？

回到"关系"这个主题，设想一下，如果斛律氏父子仅仅是疆场上的名将，没有与皇室如此紧密的关系，整个家族的结局会不会好一些？

历史不能假设，疆场名将身遭厄运的历史案例也很多。但对于斛律氏家族兴衰的分析，我们明显能看到，和皇家的深厚关系正是其覆灭的重要原因。因为没有这层关系的话，斛律氏家族的政治光环就不会那么耀眼，可能就不会成为皇帝和汉化士大夫群体最为猜忌的对象，所受的打击力度就会小一点。

历史总是令人唏嘘。在命运面前，斛律氏和我们一样渺小，无法主动选择最终的结果。但历史教训总能帮助我们在过程中减少些风险。以斛律氏的历史故事作为背景板，现实生活中那些想着仅凭关系就走运的人，都能得到他们所期待的吗？

【十】
把握节奏的重要性

/ 隋炀帝为什么失败 /

优秀的长跑运动员，一定是把握节奏的大师。

漫长的征途，无论对人的体力还是毅力，都是严峻的考验。体力再好，也不可能在长跑的全过程中保持冲刺状态。何时需要休整，何时应该补充水分，何时可以加速，都需要根据实际情况做出判断，把握节奏，适时调整。

其实，小至应对普通人的日常工作、生活，大至治理国家，"节奏感"都至关重要。阅读《资治通鉴》有一个着眼点，那就是通过历史大事件，观察"节奏感"与国家治理成败之间的关系，从中总结经验教训，来帮助我们过好小日子。

因为不懂得把握节奏的重要性，把一把好牌打得稀烂的典型，是隋炀帝。

在人们的印象中，隋炀帝是滥用民力、荒淫无道的暴君，历史上比他口碑更差的皇帝也没剩几个了。但我们尊重历史的话就会发现，隋炀帝在位时期所做的一些工程不仅为后来的唐朝提供了便利，甚至在后续很长一段历史中都发挥着重要作用，比如大运河，它是唐宋以后带动全国经济交流最重要的大动脉。

为什么隋炀帝做了不少有益于后代的事，后人对他的评价却如此之差？

大业元年（605年），也就是隋炀帝即位的第一年。这一年里，隋炀帝就先后下令展开了两项重要工程，一是兴修东都洛阳；二是修建连接黄河与淮河的通济渠，这是大运河的一部分。隋朝定都长安，为什么要兴修东都洛阳？又为什么要挖掘大运河？

这和当时的历史大势有关。

秦汉帝国和隋唐帝国，是中国历史上统一王朝的两个阶段，夹在两者之间的魏晋南北朝，是一个大分裂时期，将近四百年。隋朝成立之前，中国分裂为三个部分。长江以南是陈朝，长江以北又分裂成北周、北齐两部分，北周的首都在长安，以关中平原为核心统治区；北齐的首都在邺城（今河北临漳），控制着山西、河北、河南、山东等广袤区域。后来北周消灭了北齐，完成了北方的统一。

公元581年，隋朝取代了北周，又于589年消灭陈朝，完成了统一大业。但通过军事征服建立起来的统一并不稳固，南北已经分裂四百年了，早已发展出不同的文化风俗习惯和社会经济结构。所以在统一的次年，南方就发生了大规模叛乱，超过一半人口卷入了反抗隋朝的斗争。对于隋朝而言，不仅仅是平叛的问题，更重要的是如何有效地巩固统一。

从这个角度看，隋炀帝修建东都洛阳的战略目标就很清晰。无论对于控制中原还是控制南方来说，长安都比较偏远。洛阳居天下之中，天子坐镇在这里，更有利于控制全局。此外，要想更有效地连接南方和北方，修建大运河是必不可少的。所以说，修建大运河的真正目的，是为了维护南北统一。

从战略层面看，隋炀帝的决策没有问题，但在具体实施中却出了问题。

隋唐大运河分为四段，从北到南依次是永济渠、通济渠、邗沟和江南河，全长超过两千公里。从大业元年（605）三月，到大业六年（610），总共花了六年时间，隋朝老百姓把这四段运河修建完了。

乍一看，六年修四段运河，工期好像不是很紧张，事实却并非如此。

兴修运河和其他工程不同，它必须得在枯水期开挖。粗略估算一下，四段运河的实际修建时间，最多就是二十个月左右。这么短时间内修成长两千多公里、宽六十米的大运河，工作量是非常大的，所以被征调来服役的百姓人数非常多，光修通济渠就征调了一百多万男丁；修永济渠的时候，服役人数上升至五百万。到后来男人实在是不够用了，只能征调女人，让女性也参与修建运河的重体力劳动，这在中国历史上是很少见的。

这么大规模的民役征调，严重破坏了老百姓基本的生产、生活节奏。一个最基本的影响就是，还有多少壮劳力能在土地上耕种呢？这对一个农业国家来说是致命的。

修建大运河已经让老百姓超负荷，而隋炀帝在位十余年里，还同时启动了很多大战略，比如经营西域。西汉时，张骞凿空西域，打通了丝绸之路。魏晋南北朝时期，中原地区战乱频发，没有精力打理西域，双边交流就衰落了。隋朝实现统一后，如何经营西域成为无法回避的问题。在这个问题上，一位名叫裴矩的大臣给了隋炀帝很大帮助。

裴矩曾在张掖做地方官，张掖地处河西走廊，是中原商人和西域胡人交易的主要场所。裴矩借助这个便利，从胡人那里了解到很多信息，写了一本《西域图记》。在这本书里，裴矩把西域四十多国的地理位置、风土人情，以及从隋朝前往西域的几条道路，都记载得清清楚楚。

隋炀帝读完《西域图记》后，对裴矩深表赞赏。大业五年(609)，隋炀帝决定西巡。西巡的路线，是先进入青海，然后北上河西走廊。

其目的有二,一是在青海这边有一个强大的游牧部落联盟,叫吐谷浑,隋炀帝试图征服它;二是在征服吐谷浑的基础上,耀武西域,让西域各国望风膜拜。这次巡行阵仗很大,先后调动了十几万护卫大军,隋炀帝还要求文武百官、后宫嫔妃、和尚、道士、手艺人一起随行。隋炀帝觉得这次巡行得展示出隋朝的综合国力,光有武力不行,还要用和尚、手艺人来彰显隋朝文化的兴盛。

正所谓理想很丰满,现实很骨感,隋炀帝对西巡想象得太简单了,没有充分估计困难。在和吐谷浑势力遭遇后,隋炀帝派遣随行的十几万大军主动出击,想要一举击溃吐谷浑。几战下来,隋朝虽然赢了,但是赢得十分惨烈,牺牲了两位高级别大将,阵亡的普通将士更是不计其数。

除此之外,还有自然气候带来的困扰。

当时从青海北上河西走廊,并没有通坦大道,需要翻越很多地势险要的山岭和峡谷。有一天,巡行队伍需要穿过一条长达四十公里的大峡谷，隋炀帝要求众人一个白天完成穿越峡谷的任务。

古代正常行军速度，也就是每天走二十公里左右，现在要求一支包含了后宫嫔妃、和尚道士的庞大队伍，在十几个小时内穿越四十公里的峡谷地带，根本不可能做到。所有人紧赶慢赶，一直走到深夜，还是没从峡谷里走出去，隋炀帝一看没办法，只好就地扎营。当天夜里风雨交加，队伍里又没有足够的帐篷，很多人只能露宿。山谷里风大雨急，等到第二天早上清点人数的时候，很多人已经活活冻死了。

从效果上看，隋炀帝西巡达到了一定目的。击败吐谷浑之后，在其地盘上新建了四个郡，青海全境第一次被纳入中国版图。更重要的是，重新打通了中原和西域的往来道路，加强了域内外的经济、文化往来。这些成就对于之后的历史来说，都意义非凡，但由于隋炀帝急于求成，没有把控好节奏，对于当时的人来说，所付出的代价也是极其惨重的，这一点在性质上和修建大运河是一样的。隋炀帝要求十几万人用一个白天穿越大峡谷，这个举措就是他整体行为模式的缩影，即在节奏上完全以主观意愿为出发点，不考虑实际情况。

隋炀帝赶路的节奏是这样，治国的节奏也是这样。

在修建运河、经营西域之外，真正动摇隋朝统治根基的，是另一件大事：征伐高句丽。因为不堪其扰，大业七年（611），隋炀帝开始积极备战，之后从大业八年至十年（612-614）三年间，隋炀帝发动了三次对高句丽的战争，每次都广泛动员、损失巨大，最后以失败告终。

古代战争讲究军马未动，粮草先行。隋朝在决定征伐高句丽之后，首先要做的就是后勤准备，整个过程又耗费了大量的民力物力。隋炀帝又下令，征调百姓，修建三百艘大船，限时一个月。这个工期实在是太赶了，所以老百姓们昼夜赶工，整天泡在水里，以至于很多人腰部以下都溃烂了。等到一个月以后，三百艘大船真的造好了，但代价是超过百分之三十的民工死亡率。

大业八年，隋炀帝下令，亲征高句丽。人们常说"兵贵神速",但是隋炀帝不一样,这次出征他还是带上了很多闲杂人员,和尚、女眷、外国使节,甚至还有乐队。这还不算完,出征之前,隋炀帝还下达了两条命令。第一,为了防止有人贪功冒进,有事一定要先禀报隋炀帝,不能擅自开战。第二,各个部队里面,设置一名受降使者,专门接受敌军投降。而且受降使者和各军统帅平级,假如统帅不接受敌人投降,受降使者可以节制他。

这些指示非常幼稚,战场上靠的是将帅的随机应变,现在又要请示皇帝,又要受制于受降使者,将帅根本没办法发挥自己的作用。但是隋炀帝这么做,有他的想法。他认为隋朝和高句丽实力相差悬殊,隋军的优势是碾压式的,高句丽闻讯一定闻风丧胆,望风而降。基于这些判断,隋炀帝认为完全可以做到"不战而屈人之兵"。

一开始,战争还算顺利。大业八年三月,隋炀帝率军渡过辽河,围困了高句丽的军事重镇辽东城(辽宁辽阳)。之后,隋炀帝"不战而屈人之兵"的想法又涌现出来,他让士兵们一夜之间在辽东城对面修造起一座高十八米、方圆八里的城池，叫"六合城"，试图以此恐吓住敌人，让他们投降。第二天早上，高句丽人看到突然拔地而起的六合城，的确是吓了一跳，但也就是吓了一跳而已，丝毫没有投降的意思。

隋炀帝一看没办法，就下令军队开始进攻。但在进攻之前，他又下了一道命令，一旦高句丽有投降的意思，就要停止进攻，并且向他禀报。本来皇帝督战，数十万将士攻打一座小城，是很容易的事，但有了这条命令就不一样了，将士们心有顾忌，放不开。进攻有进攻的节奏，逼降有逼降的节奏，隋炀帝把二者弄混了，这和修建运河相比，是另一种节奏错觉。

一来二去，辽东城里的高句丽人也看明白了，他们开始利用隋军矛盾的节奏感，一旦觉得要守不住了，就赶快摇白旗，表示准备投降。等到隋军退下去，他们又重新搭建防御工事，接着和隋军打。就这么反反复复四个月，辽东城还没有打下来。这下隋炀帝坐不住了，把将帅们骂了个遍，指责他们作战不力，将帅们当然很委屈，但谁也不敢忤逆隋炀帝。

就在围攻辽东期间，隋炀帝又派遣了几支军队向高句丽的首都平壤进发，但是进攻平壤的军队也不太顺利，他们面临的主要问题是粮草不足。

出发之前，隋炀帝让每个士兵都携带一百天的口粮，而且下令不准丢弃粮食。这么多粮食，再加军备物资，士兵们怎么可能背得动呢？所以很多士兵不得不偷偷挖坑，在路途上把粮食埋了。但随着行军深入，将士们的口粮就严重不足了，还没走到平壤，士兵们都快饿死了。这也不能责怪士兵们一开始废弃粮食的行为，只能说是隋炀帝没有协调好后勤，试图让士兵们完成一项不可能完成的任务。

负责进攻平壤的主帅叫于仲文，他正在为口粮问题发愁，突然有人告诉他，说高句丽的二号人物，名字叫乙支文德，这个人来投降了。但实际上乙支文德是诈降，他就是想来看看隋军还能坚持多久。

于仲文得知这个消息以后，就决定要把乙支文德关押扣留，绝不能让他回去通风报信。但就这么简单的一件事，都让隋军给办砸了。还记得隋炀帝出征前的第二个命令吗？受降使者和将领同级。所以乙支文德来投降以后，隋军的受降使者刘士龙坚持说，我们要善待俘虏，让他们来去自由，他们想要回去，就让他们回去，咱们以德服人。于仲文争不过刘士龙，最终把乙支文德给放了。

乙支文德回去之后，隋军内部产生了分歧。有人主张撤军，因为敌人已经探知我们粮食不足，再打也未必能赢。主帅于仲文坚决不同意，还没到平壤，怎么就撤军了呢？

在于仲文力主之下，隋军昼夜兼程，赶到距离平壤三十里的地方安营扎寨。可是刚一安营，就发现不对。按照原计划，应该有另外一支隋朝水路部队来接应，但看来看去，怎么一个接应的隋军都没有呢？其实这支援军在登陆后不久，就被高句丽击败了。

得知这一消息后，于仲文一筹莫展，这下真是内无粮草，外无援兵了。正在此时，乙支文德又来了，开门见山地说，我知道你们没有粮食了，也根本打不动；不如这样，你们撤军，我们随后就派使者去朝见你们皇帝，表示臣服，双方都免去战争之苦，岂不是很好？

于仲文等隋将以为，高句丽毕竟是小国，势力孤单，为避免激战而诚心求和的可能性还是有的，再加上隋军将士饥疲交加，真打起来的确占不到便宜，于是就同意了乙支文德的方案，快速退兵。岂知乙支文德的承诺都是谎言，趁隋军回撤过程中防备不足，高句丽的军队追赶上来予以偷袭，把隋军打得溃不成军。隋军士兵伤亡、逃散，到最后清点人数的时候，三十万大军只剩下两千多人。

遭受这么大的损失，隋炀帝不得不下令撤军。就这样，轰轰烈烈的御驾亲征，非常窝囊地收尾了。这里讲述的只是隋炀帝第一次征讨高句丽的失败过程，紧接着，隋炀帝又发动了第二次、第三次战争，最终是以惨胜告终。多年的征战和繁重的徭役，终于让老百姓无法承受。就在隋炀帝讨伐高丽的过程中，各种起义遍地开花，最终隋朝也在轰轰烈烈的官民起义中土崩瓦解。

隋炀帝即位之初，手里拿着一把好牌。他父亲隋文帝提倡节俭，励精图治，使得人口繁衍、经济增长。隋炀帝即位以后，人口大约在四千五百万以上，这在中国古代是一个非常高的数值。隋文帝和隋炀帝建造了很多大型粮仓，用以储备粮食，仅洛口仓一处的粮食，就接近一百五十万吨。隋朝留下的粮食、财物，直到唐太宗时代还没消耗完。有人估算，隋朝屯储的粮食，可以供全国人口吃上五六十年。但就这么一副好牌，被隋炀帝打得稀烂，这是为什么呢？

回到"节奏"这个话题。

隋炀帝有很多高瞻远瞩的设想，营建洛阳以控御中原，修建运河以加强南北联系，经营西域以沟通内外，降伏高句丽以减轻北部和东北方向的国防压力，从战略上讲都没有错。但这几件都是大事，每件事都需要花大量的人力、物力来经营，还需要有足够的耐心，经得起时间的打磨。

隋炀帝心太急了，任何一件事都想毕其功于一役，还把这么多事都挤在一起做，试图在短时间内实现众多宏伟目标，这势必会给民众带来巨大的压力,最终把他们逼上绝路。可以用一句话概括隋炀帝,那就是"战略上的天才,执行上的蠢材",不仅自己没有节奏感,还打乱了所有老百姓的生产、生活节奏。

这虽是一个帝王故事,但这种战略与执行的失衡在我们身边非常常见。

无论在生活中还是在工作中,我们时常会冒出很多想法,试图在短时间内达成很多目标。这些目标分开来看都很合理,堆叠在一起,每个目标却都有可能成为压垮我们的那根稻草。目标固然重要,但把握好节奏,分清主次,合理划分操作的阶段性,才不至于让自己走向"过犹不及"的怪圈。

【十一】
努力做自己

/ 颜真卿之所以是颜真卿 /

中唐名臣颜真卿为今人所知，多半是由于他的书法成就。他是唐楷的集大成者，在书法史上的地位仅次于王羲之。

不过，《资治通鉴》在讲述中唐复杂的历史场景时，也把颜真卿作为重点人物进行描述，却只字未提他的书法成就。事实上，颜真卿在那个时代享有崇高的声誉，并不是因为他的书法成就，而是源于他对国家的满腔忠诚和处世立身的一身正义。这种忠诚与正义，根源于颜真卿始终不为动荡的环境所左右，坚持自己的本心。

颜真卿踏入仕途是在唐玄宗时期，不久就遇上杨国忠当权。

性格耿介的颜真卿和其他正直的臣僚一样，遭到杨国忠的排挤，被外贬到平原郡做太守，这块地方今天属于山东，但在唐代算是河北地区，军事上为安禄山控辖范围。颜真卿到平原郡上任是在公元753年，两年后就爆发了改变中国历史的"安史之乱"。

到平原上任后不久，颜真卿觉得安禄山种种迹象可疑，就以防洪为名，增高城墙，疏通护城河；并暗自储备粮食，招募壮士。为了不引起安禄山的怀疑，颜真卿外示闲暇，时常与宾客泛舟饮酒。安禄山果然认为颜真卿只是个书生，不足为虑。

公元755年，安禄山以奉密诏讨伐杨国忠为借口，于范阳（今北京一带）起兵，发动叛乱。叛军来势凶猛，朝廷素无防备，地方官员逃的逃，降的降，河北大部分地区瞬间为叛军所有。

《资治通鉴》用短短几十个字描述了当时那种恐怖动荡的场景："时海内久承平，百姓累世不识兵革，猝闻范阳兵起，远近震骇。河北皆禄山统内，所过州县，望风瓦解，守令或开门出迎，或弃城窜匿，或为所擒戮，无敢拒之者。"不妨设身处地想象一下，叛军声势浩大，几乎所有的守城官员、将领都望风而降，如果你是颜真卿，你会做怎样的选择。颜真卿当然知道抵抗叛军必是凶多吉少，但他更知道怎样做是正确的。尽管自己的力量微不足道，也还是要向叛军发起反击，因为这样做才符合正义，这是他内心深处的选择。

我们应该学习颜真卿，遵从内心真正的选择，坚持做自己，哪怕所有人都站在你的对立面，也不要轻易被外部环境改变。因为只有这样才能得到最好的结果——如果成功，你将证明你自己；如果失败，至少也问心无愧。

当叛军来袭，大多数人选择投降的时候，颜真卿却据守平原，给叛军制造了不小的麻烦。在颜真卿的奏报送达朝廷之前，唐玄宗以为河北二十四郡皆已降贼，非常失望，感慨道："二十四郡，曾无一人义士邪！"

得到颜真卿的奏报后，唐玄宗颇感欣慰，这么大一个国家总算还有忠臣义士，说道："朕不识颜真卿作何状，乃能如是！"他根本不记得颜真卿长什么样，而这个颜真卿却能替朝廷严防死守。此时的唐玄宗可能会深有感触，真正的忠臣义士，并不见得是那些整天围在他身边哄他开心的人。

安禄山的军队迅速攻占了东都洛阳。颜真卿和时任常山（今河北省石家庄一带）太守的堂兄颜杲卿联合起来，组成了河北义军同盟。

在颜氏兄弟的感召下，很多之前被叛军攻占的城池纷纷击斩安禄山的将领以响应，河北地区支持朝廷的郡很快扩展到十七个，战士人数总计达二十万，大家共推颜真卿为盟主。这支义军把已经抵达洛阳的叛军前锋，和范阳老巢的后续部队断成两截，阻断了他们的交通道路。这样前线叛军的军需供给和兵源补充都成了严重问题。而且颜杲卿还斩杀了安禄山的将领李钦凑，为唐室紧守太行山最重要的关口井陉关（俗称土门，在今河北省西部，太行山脉东麓）。

恼羞成怒的安禄山派军队回攻井陉关，颜杲卿战败被俘，不屈骂贼而死。这一役中整个颜氏家族损失惨重。我们看到，在颜真卿的很多书法作品中，土门之役反复被提及。说明颜真卿对此役印象之深刻，一直把它作为家族史中最光辉的一页来书写。被元代著名书法家鲜于枢称为"天下第二行书"的《祭侄文稿》，就是颜真卿为纪念罹难于这次战役的小侄子颜季明（颜杲卿幼子，遇难时年仅十余岁）而作。原作斑斑泪迹，充满真情。

然而颜真卿难能可贵的地方就在这里，即便付出了如此惨烈的代价，即便他知道以后可能会遭遇更令人心痛的挫折，但只要他认为是正确的事，他就会坚持，绝不退却。

当时叛军后院起火，原本追随安禄山的平卢将领刘客奴忽然宣布易帜反正，意欲自效于朝廷，派人和颜真卿联络。颜真卿为坚定刘客奴效忠朝廷之心，派手下为他送去十万军费以及将士衣粮。这还不算，为表达自己的诚意，颜真卿让自己的独子，年仅十余岁的颜颇去刘客奴军前做人质。以此表明，只要刘客奴不负朝廷，颜真卿亦绝不负刘客奴。

在极为劣势的情况下，颜真卿已经做到了他所能做的一切，而他的坚持也终于得到了回报。义军不仅形成了声势,也取得了骄人的成绩,比如在今天山东一带赢得堂邑大捷,并成功收复军事要地魏州。

这是国家危难之际,颜真卿在战场上的表现。那么平时在朝廷上,他又是如何立身处世的呢？

"安史之乱"结束后,大臣元载一跃而成为唐代宗最为倚重的心腹。元载认为自己对皇帝颇有功劳,大行专权之事。为了让自己的位置稳固下来,元载"请'百官凡论事,皆先白长官,长官白宰相,然后奏闻。'仍以上旨谕百官曰：比日诸司奏事烦多,所言多谗毁,故委长官、宰相先定其可否"。就是说元载欺上瞒下,要求百官无论上奏何事,都要先把奏折呈到自己这里来,自己看过觉得没有问题,再上交给皇帝,这很明显就是担心有人向皇帝弹劾自己。

当时的元载可谓权势熏天,没有人敢忤逆他,唯独时任刑部尚书的颜真卿直接给皇帝上了一封奏折,言辞犀利地指出,"郎官、御史,陛下之耳目。今使论事者先白宰相,是自掩其耳目也……不务为此，而使天下谓陛下厌听览之烦，托以为辞以塞谏争之路，臣窃为陛下惜之！"郎官、御史的职责是纠弹百官的不法行为，等于是皇帝监察百官的耳目，现在无论何事都要先向元载报告，这无异于封住皇帝的耳目，皇帝就无从知晓外界的真相了。如果真的按照元载的意见行事，公论便被堵塞了，只利于元载专权，而不利于国家。

可想而知，这样直率的行为必然会引起元载的强烈不满，很快，元载就找了个理由把颜真卿贬出了朝廷。

元载并不是唯一一个讨厌颜真卿的人。颜真卿被贬十一年后，元载因专权跋扈、贪污受贿而被处死，颜真卿也得以重新回到中央，并担任吏部尚书。而此时朝中最有权势的大臣名为卢杞。

关于卢杞的为人，《资治通鉴》中有一段非常生动的描述："郭子仪每见宾客，姬妾不离侧。杞尝往问疾，子仪悉屏侍妾，独隐几待之。或问其故，子仪曰：'杞貌陋而心险，妇人辈见之必笑，他日杞得志，吾族无类矣！'"

大名鼎鼎的郭子仪是平定安史之乱的第一功臣，被封为汾阳王，他平日会见宾客，侍妾都不回避，唯独卢杞来，郭子仪让侍妾们都退下。有人问他原因，郭子仪回答说，卢杞相貌丑陋而用心狠毒，妇人见他如此面貌必定嘲笑，卢杞他日若得志，打击报复起来，我这一家子可就玩完了。谁都不怕的郭子仪都要忌惮他三分，卢杞心胸狭隘、阴险卑鄙的形象跃然纸上。

但卢杞在皇帝面前很善于伪装，凭借着这层伪装，卢杞做上了宰相。以颜真卿耿介的性格，当然会与卢杞起很多摩擦。果然颜真卿刚回朝廷不久，就因耿直而得罪了卢杞。卢杞跟之前的元载等权臣相比，更善于算计，他想加害颜真卿，却又不想直接让人看出来。

最后，卢杞用了一个非常阴险的手段。当时淮西节度使李希烈反叛，攻城略地，当时的皇帝唐德宗对此非常苦恼，问计于卢杞。卢杞说李希烈年少骁勇，性格傲慢，朝中必须委派一名有资历的老臣去劝谕，才压得住他。如果朝廷能选出一位德高望重的元老去教化李希烈，李希烈必然悔过革新。那么有没有合适的人选呢？卢杞说："颜真卿三朝旧臣，忠直刚决，名重海内，人所信服，真其人也！"卢杞向唐德宗推荐了颜真卿。

尽管卢杞以国家大事为借口把颜真卿推了出去，但明眼人还是看得出来，卢杞是在给颜真卿挖坑。首先，性格顽劣、品行较差的年轻人最讨厌的就是长辈说教。其次，李希烈既然已经做出了挑战中央政府的决定，又怎么会仅仅因为颜真卿的劝说而收手呢？所以卢杞献计只不过是一个阴谋，想借李希烈之手害死颜真卿。朝中大臣还是明白事理的居多，以至于"诏下，举朝失色"，大家都为颜真卿感到担忧。

颜真卿当然也非常清楚这是卢杞对自己的迫害，但是他的态度非常决绝。有人劝他稍微逗留一段时日以等待变化，颜真卿却说，既然皇帝下了旨，做臣子的怎么可以逃避责任呢？于是毅然出发。

这一年颜真卿已经七十六岁了。

颜真卿达到叛军阵营之后，李希烈马上给了他一个下马威，让千余名无赖将士环绕谩骂，拔出刀来作欲砍之势。这位耄耋老人面对叛军明晃晃的刀子，居然"足不移，色不变"，毫无恐惧之意。颜真卿名望太重，李希烈也不敢直接杀他，而是把他软禁了起来。

李希烈甚至异想天开地想劝降颜真卿，试图以颜真卿的威望为自己作背书，结果当然是遭到颜真卿的断然拒绝。李希烈见无法用言语打动颜真卿，就想用武力进行胁迫，让士兵在颜真卿面前挖坑，恐吓要活埋他。李希烈明显低估了颜真卿的勇气和决心，这种小把戏让颜真卿嗤之以鼻，说生死有命，何必故弄玄虚？最终尴尬的还是李希烈，看吓不倒颜真卿，就只能让士兵们退下了。

随着战事的推进，唐军逐渐掌握了主动权，李希烈呈现出必败的颓势。后来李希烈的弟弟被唐朝政府诛杀，狂躁恼怒的李希烈下令处死颜真卿以示报复。

故事讲到这里，或许有些读者会有一个疑问，颜真卿这样做真的有意义吗，真的值得吗？

为了伸张正义，坚守原则，颜真卿屡次被同僚怨恨，甚至遭人迫害，被贬黜至地方；为了抵抗叛军，不仅亲友被害，就连他自己最后也是死于战乱之中，所以就现实而言，颜真卿的一生不仅坎坷，甚至可谓不幸。

细读《资治通鉴》所载颜真卿的事迹，你会发现，颜真卿不愿意合作的，不仅有杨国忠、元载、卢杞这样的权相，还有李辅国、鱼朝恩等大宦官。

李辅国是唐肃宗的心腹。众所周知，唐肃宗是背着他父亲唐明皇登上皇位的。为了团结一致抗击安禄山，唐明皇没有多计较，自动退居二线，做了太上皇。"安史之乱"平定后，李辅国为了帮助唐肃宗巩固权位，居然囚禁了唐明皇。这么大的宫廷政变，宰相们一声都不敢吭，却是身为刑部尚书的颜真卿率领一批有正义感的百官，要为唐明皇讨公道。颜真卿最终被李辅国贬黜到外地做个小官。几经波折回到朝廷后，又因为看不惯大宦官鱼朝恩僭越礼制，颜真卿写信给宰相痛责这一现象，因而留下了另一幅书法名作《争座位帖》，又称《论座帖》。这些都发生在颜真卿得罪元载之前。

综合这些事迹，我们看到颜真卿的人生就在"得罪权贵－外贬－回到中央－得罪权贵－外贬－回到中央"这样的轨迹中循环，一辈子没学会乖巧，对他来说，之前那些被权贵打击的经验似乎从来没有存在过，毫不影响他进入下一轮与权贵的对抗。

在讨论颜真卿这一辈子值不值之前，我们可以先总结一下，颜真卿做事的准则和分寸是什么。

借用武侠小说的语言来描述，颜真卿拥有百攻不破的"纯阳"之体。帮他练就这一身刚强的，是儒家精神引导的理想人格，是对礼制与公序良俗的尊重。颜真卿这辈子只认一个字：理。这事合不合理？他从来不是看人论事，哪怕皇帝做事不合理，他也要反对，所以也就不会见风使舵。

颜真卿的确为自己的原则付出了极大的代价。但人心与历史都是公平的，最终永久地被历史记住的、得到后人景仰的，是颜真卿这样的人。换个角度看，无论一个人做何种人生选择，都要付出相应的代价，颜真卿选择坚持自己的本心，坚持做自己认为正确的事情，那他必然要经历很多困难和挫折，但在颜真卿看来，这些代价是他能够承受的，也是他愿意付出的，所以哪怕到生命的最后时刻，他都不后悔。

现代社会喜欢讲品牌。一个好的品牌，必须要有自己坚持的核心价值、核心理念，随波逐流的产品永远不会成为一流品牌。

"品牌"这个概念可以不仅仅指产品，我们也可以把自己做成品牌。从这个角度看，颜真卿这辈子就是在经营自己的品牌，他有鲜明的特征和内核，支持自己的原则，做自己认为正确的事，不与时俯仰，不受外界干扰，不受短暂的利益驱动。那些风云一时，最终却被历史淘汰的人物，恰恰没能做到这一点，所以他们是短暂的。他们那么容易被形势改变，那么容易被眼前的利益驱动，当形势变了，利益枯竭了，他们再也赶不上外部的变化了，他们自身的价值也就终结了。

所以坚持做自己永远都不会是一件容易的事情，你会被他人否定，指责，也会付出精神和物质方面的沉重代价，但与之相应的，总有一天你会发现，坚持做自己才是最有意义的。

【十二】
外圆内方的技巧

/ 冯道为什么是不倒翁 /

"不倒翁"这个词汇的内涵很复杂，一方面可以用来形容职业生涯长盛不衰者；另一方面，它似乎又意味着圆滑和缺乏原则性，甚至是为了追逐利益而颠倒是非。

从职业生涯角度看，《资治通鉴》里有一个典型的"不倒翁"，那就是五代时期的冯道。

然而，冯道是靠着圆滑和无原则来维系职业生涯的吗？

冯道出生于公元882年，去世在公元954年，瀛洲景城（今河北河间市）人。公元907年，唐朝灭亡，后梁的开国皇帝朱温称帝，拉开了五代的序幕（后梁之后还有后唐、后晋、后汉、后周，五个王朝都比较短暂，历史上合称为"五代"）。按照古人计算年龄的方法（也就是今天的"虚岁"），那年冯道二十六岁，刚好适合出仕。公元954年，七十三岁的冯道去世，此后仅仅六年，赵匡胤黄袍加身建立宋朝，五代终结。

可以说，冯道一生几乎和五代这个乱世相始终，这是他的第一个特点。

冯道的第二个特点，是在混乱的五代时期，成为最成功的官场不倒翁。五代一共才五十四年，更换了五个王朝、十四位皇帝，政权变动非常频繁。有趣的是，冯道的官位却非常稳定，十四位皇帝中有十位重用他，九位任命他为宰相。至于剩下那四位没有重用冯道的皇帝，是因为他们没有和冯道共事的机会。换言之，冯道出仕以后，共事过的那些军阀、贵族，但凡做了皇帝的全都重用他。

古人有一个词叫得君，就是受到皇帝的赏识、重用，冯道的得君率几乎是百分之百，做宰相的几率是百分之九十。

冯道是怎么做到的？很多人的第一个反应是，这个人应该很圆滑，所以才能左右逢源。持这种观点的朋友，在读完《资治通鉴》所载关于冯道的第一个故事之后就会大跌眼镜。

《资治通鉴》第二六八卷，冯道这个人物第一次出现。

冯道是河北人，当时在河北军阀刘守光手下任职。刘守光制定了一套攻城略地、向外拓张的方案，没想到遭到冯道的反对，冯道认为这套方案的风险和副作用都很大。冯道的直言激怒了刘守光，被拘禁了起来。刘守光甚至有杀害冯道的想法。最终冯道在别人的帮助下逃脱牢笼，跑到山西投奔晋王李存勖。

这个故事所体现的冯道的性格特征，不仅不是圆滑，恰恰是与之相反的耿直。死里逃生来到李存勖帐下的冯道，是否吸取了经验教训，慢慢变得圆滑了？并没有，冯道在李存勖帐下保持着独立思考与提出不同意见的工作方式。李存勖比刘守光大度，之后李存勖建立了后唐王朝，就是历史上的唐庄宗。在唐庄宗时代，冯道成为翰林学士，也就是皇帝决策、顾问班子中的核心成员。

第一位任命冯道做宰相的皇帝是李存勖的继任者唐明宗李嗣源。

此时的冯道已年过不惑，随着年龄的增长、地位的提升，处世论事的确比以往更从容，也更有技巧，但坚持自己的立场与观点，并努力把它传递给统治者，这一点并没有变。

李嗣源是出身沙陀族的武夫，文化水平不高，但有追求国泰民安的发心。冯道就经常利用这一点，通过一些浅显的比喻告诉唐明宗，治国应该注意些什么。

比如有一次，唐明宗非常得意地对冯道说："这几年打仗少，农业年成也不错，老百姓应该安居乐业了吧！"讲这番话的时候，唐明宗对自己治理国家的业绩略有些得意之色。

冯道并没有正面回应，而是说道："我以前经常从山西去河北，每次都要路过非常险要的井陉关。通关的道路窄到两匹马都不能并排前行，下面又是万丈深渊，所以每次走到这里我都胆战心惊，紧紧抓住缰绳，生怕出事。一旦过关，到了平坦的康庄大道上，我悬着的心就放下了，于是松开手中的缰绳，让马狂奔起来。意想不到的是，这种情况下我反而多次平地摔跟头。可见在危险的境遇中，人们往往会自我提醒；恰恰是在安逸的状态下，警惕性丧失，出事的概率增大。管理天下也是一个道理，陛下不要觉得现在年成好，天下就无事了，臣希望您能够居安思危。"

唐明宗继续追问："那现在老百姓生活究竟怎样呢？"

冯道还是没有直接回答，而是讲了这么一番话："农民是最辛苦的一个群体，如果年成不好，他们会饿死；如果年成好，谷子卖不出价钱，同时官府的税依旧很高，他们的日子还是苦巴巴。晚唐有一位诗人叫聂夷中，曾经写过一组悯农诗，其中一首写道：'二月卖新丝，五月粜新谷。医得眼前疮，剜却心头肉。'为缴税卖掉新丝新谷，长远的生活却没有着落，这就是农民日常生活的写照。"唐明宗听完深有感触，让人把这首诗抄下来，时常背诵，不停地提醒自己，老百姓的生活有多么不容易。

在中国古代的政治文化中，这是一场经典的劝诫对话。

宰相通过循循善诱的语言模式，让一个武夫出身的皇帝懂得爱民、珍惜民力的重要性。此时的冯道的确跟刚出道时不一样了，表达意见不一定非得硬刚，也可以让语言充满技巧性。另一方面，冯道没有在皇帝扬扬自得的时候溜须迎合，而是抓住机会对他进行责任教育，为老百姓说话，尽到了宰相的责任。

这个故事体现冯道的处事风格可谓柔中带刚，表面上语言很柔和，却不是一味迎合领导，传达了自己独立的原则和立场。但也有些场景需要冯道把刚强明确地亮出来才能解决。再讲一个发生在唐明宗晚年的故事。

唐明宗病重期间，其次子李从荣密谋发动兵变篡位。在李从荣的属官中，只有少数几个轻狂骄躁之徒赞同这一计划，很多官员都反对。最终李从荣的叛乱被镇压，除他本人要接受严厉惩罚之外，其属官也都被连带问责。

在中国古代，谋反是皇帝最为忌讳的罪行，官员们为了自保都会极力撇清与谋反者的联系。体现在审讯上，负责案件的官员一般都会秉持疑罪从有、轻罪从重的原则，扩大打击范围、加重惩罚力度，这么做的目的是向皇帝保证自己的清白，表明自己对于这桩谋反案也是深恶痛绝的，以博得皇帝的信任。但这样从严从重的处理方式肯定会制造很多冤假错案，牺牲无数无辜的生命。

这在古代政治环境下是常态。如果有官员敢于替被牵扯进谋反的人员辩护、开脱，那他自己就极有可能为此付出巨大的代价，或是引起皇帝的猜忌，或是遭到政敌的打击，甚至被视为叛乱者的同谋。

李从荣这桩案件被牵扯进来的很多官员，其实并不赞同叛乱计划，只是没有能力阻止而已。朝廷上多数官员都不敢为他们说话，只有冯道勇敢地站了出来。

他列举了一系列证据，证明这些官员不可能有叛逆之心，只是遭到李从荣的裹挟。本来就病重的唐明宗，听到亲生儿子背叛他的消息，更容易暴怒。冯道这时候站出来替"逆贼"说话，很多人都替他捏了把汗。出人意料的是，基于长期以来的信任基础，唐明宗最终采纳了冯道的意见，并没有大开杀戒。冯道救下的并不仅仅是那几位官员的性命,他们每个人身后都有一个大家族,他们若因谋反而被杀头,家族里的所有成员都会遭受相应严惩。

这个故事体现出冯道刚强的一面,刚强到为了原则、立场而不顾身家性命。而从唐明宗最终信任冯道的结论这一点看,又体现出冯道在当时人心目中的确享有极高的威望。那这一威望的基础是什么?我认为是冯道一贯的人品。

《资治通鉴》还记载了另一个故事。

有一位名叫刘审交的封疆大吏,深得当地百姓爱戴,在他去世后,当地百姓为他向朝廷请求特殊礼遇。冯道曾经与刘审交共事,对他非常熟悉。对这件事,冯道有个评论。他说,刘审交为政并没有什么特别之处,并不见得能减轻赋税、徭役负担,只是在对待老百姓的时候能秉持公廉慈爱之心,不贪污、不逼迫老百姓。冯道接着说,刘审交只是做到了这一点,老百姓就对他爱戴不已,可见想做一个受百姓爱戴的官员并不难,可天下有很多官员连这一点都不肯做啊!

实事求是地讲，中国古代是一个权本位、官本位社会，连在太平盛世，要碰到一个廉洁爱民的官员都很难，更何况是在五代这样的乱世。从现实层面看，刘审交的确是比绝大多数官员好多了，所以才赢得老百姓爱戴。

但在冯道看来，如果这样就能称为好官的话，那么好官的标准是比较低的。可见冯道有一套更高的为官标准，在对刘审交的评价中，冯道表露了其中一部分，那就是尽量为老百姓减轻赋税、徭役负担，这是刘审交没有做到，冯道认为应该做的。冯道身体力行的当然还有更高层面的政治行为，那就是如何在乱世中安顿好这个社会与全体百姓。

看完这些故事，我们应该能明白，冯道之所以能够受这么多皇帝信任，历朝为相，不是因为他圆滑，恰恰是因为他有理念、有立场，也有很好的为政实践。

试想一下，冯道在前一个王朝做宰相，后面那个王朝的建立者推翻了前朝，他和前朝的皇帝必然是仇敌，但他却不敌视冯道，愿意继续请他做宰相。这样的事情不止发生一次，而是一而再、再而三地发生。当后晋推翻后唐、后汉推翻后晋、后周推翻后汉的时候，无一例外地，新王朝的建立者都邀请冯道继续担任宰相。这些王朝的建立者不仅不是傻子，而且都是经历过剧烈生死浮沉的大枭雄，如果冯道仅仅是靠圆滑，能这么容易取得他们的信任吗？

对于那些依靠圆滑混官场的人，这些枭雄肯定会想，你靠着溜须拍马糊弄前面那个皇帝，又对他不忠诚，现在他失败了你来投靠我，你会对我尽忠职守吗？有句老话说得好，你可以在一段时间内欺骗所有人，也可以永久地欺骗一部分人，但你不可能永久地欺骗所有人。如果冯道仅仅靠着圆滑，一定不可能在政治生涯上走得那么远，更不可能获得这么高的地位。

讲到这里，有一个话题被牵扯出来了，那就是"忠诚"。

从宋代中期开始有人批判冯道不忠诚，他居然能恬不知耻地在这么多王朝任职，前一个王朝被推翻后，他毫无障碍地为下一个王朝效力，这样的人有品德可言吗？持这一观点的代表是大文豪欧阳修，《资治通鉴》在对冯道盖棺论定时，也受欧阳修的影响，批评了冯道对王朝不忠诚。在这个问题上，我有不同意见。

孟子早就讲过一句话："民为贵，社稷次之，君为轻。"社稷是古人祭祀土地神和谷神的神坛。中国古代是农业社会，所以土地神和谷神最为重要。但对于一个国家来说，更为重要的是百姓，百姓才是国家的主体。对于一个王朝来说，君主昏庸可以撤换，甚至改朝换代；社稷不灵验，可以更改祭祀的地点，唯独百姓还是那群百姓，不可更换。若没有百姓，那还成什么国家？既然百姓才是国家的主体，那么忠诚于国家，并不一定是忠诚于某个王朝，更不是忠诚于君主个人。

冯道写过一份自传性质的文字，他的自我评价中就有"在忠于国"这一句，可见冯道是把国家和王朝区分开的，忠于国家和忠于王朝是两回事。冯道还写过一句诗："但教方寸无诸恶，狼虎丛中也立身。"他内心清楚，五代时期几乎所有的皇帝都是通过暴力抢夺政权的武夫，如同虎狼一般，这是他个人难以选择的历史条件。他能做的就是周旋于这些人之间，尽到士大夫的责任，能帮百姓做一点好事就多做一点。这就是乱世之中冯道的处世理念。

欧阳修和司马光比冯道幸运,他们出生在和平年代。欧阳修出生于公元1007年,司马光出生于公元1019年。司马光出生那年,已经是宋朝建立第六十个年头了,超过了五代五个王朝存在时间的总和。没有频繁地改朝换代,宋代的治理成效也不错,老百姓安居乐业。于是,欧阳修和司马光等北宋中期的文人学者就自动把王朝和国家混为一谈,忽略了冯道生存的年代改朝换代频繁,国家和王朝经常分离的事实。所以这一点上,我不同意欧阳修和司马光的观点,而是认为冯道是一位非常不错、有责任心的官员。

回到冯道政治生涯长盛不衰这个话题上。

正如开篇所说,人们通常印象中,"不倒翁"应该是见风使舵的骑墙派,甚至为了利益而抛弃原则、底线。如果我们认真检视历史,你会找到一些完全相反的案例,比如冯道。他们之所以"不倒",恰恰是心目中有更高的信念和目标。

此时我们再掩卷静思,在实际生活中,你真的碰到过很多极其圆滑又极为成功的人吗？如果有，你能数出几个？如果没有，或者那些圆滑之徒的成就其实也一般般，那我们是不是应该反思一下我们的认知？生活留给我们很多想当然的认知，很可能是错误的。我们想象当中，可以靠着善于逢迎、善于逢场作戏而大获成功，在现实中很可能是完全行不通的。